人生很貴，請別浪費！

願你往事不回首，餘生不將就

推薦序

也許這個時代是不耐煩的，立等可取的外賣，簡短粗暴的視頻，唾手可得的快樂，都讓人很難靜下來思考。

但總還有小野醬這種冷靜思考和營造自己精神世界的人。讀她的文章，安靜、俏皮、犀利一起撲面而來。

她寫出了讀書、念詩、看電影、去旅行的安靜溫柔，也擁有對世俗婚姻和職場修羅場的犀利洞察，連日常的碎碎念都散發著不可多得的靈氣。

讀這本書，不但能認識一個「戲謔又認真生活」的小野醬，也能對生活多一些思考。

陳磊（筆名二混子）

半小時漫畫團隊創始人

Chapter 1 三十而立的職場

Chapter 2

四十不膩的形狀

Chapter 3

不膩歪的粉紅泡泡

三十而立的職場

少了點天真，多了點通透，

這就是我三十歲在職場的模樣。

Chapter 1

三十而立，四十不膩

你想回到十八歲嗎？
我不想。

這大概是一個Flag。題面是：你想過什麼樣的人生？我說：「三十而立，四十不膩。」有女生改成：三十而麗，四十不膩。大約在她的心底「麗」怕是要比「立」來得容易。那麼這裡「立」的究竟是什麼？

傳統價值觀是成家立業，就是要有自己從事的一份事業。現代語境裡大約是有房有車有老婆有孩子，你得配齊！這應該是狹義語境上的「立」。而我以為，「立」一定是獨立三觀的樹立。獨立三觀這件事很難嗎？很難。它是你對你所嚮往生活的立意，你想成為什麼樣的人？這道題特別難，難到有些人活了一把歲數了竟然沒有想過這個問題，還有人活了一把歲數了沒有想明白這個問題。

近來，我照鏡子慨嘆歲月如白駒過隙，臉上的細紋愈來愈明晰。但我捫心自問：「你真的還想回到十八歲那慌張的歲月嗎？」答案是：「我不想。」我好不容易熬到自己活明白的年歲，可以不被誰裹脅，也不用看誰的臉色，不慌不忙又大膽地選擇自己想要做的事情，甚至即使明天失業，也會泰然處之，為什麼要回到除了一臉膠原蛋白再什麼都沒有的十八歲？

選擇的自由太重要了，知道自己要什麼太重要了。

順手去幫助可以幫助的人，可以演說影響更多的人，可以寫書傳遞一些正向的東西，去從事投資的事情挖掘社會的價值，這些都很美好。

把自己交給時間，做時間的朋友。在想虛度時光的時候虛度時光，在工作的時候高效劃分自己的單位時間，以開放的心態去接受世界和自己，打碎自己再去黏合，擴大自己的認知和心的邊界。

小學時候老師說，心有多大，舞台就有多大。那個時候我不能理解裡面的深刻含義，覺得不過是一碗為了押韻的「雞湯」。年歲愈大，踐行的時候，你反思過往，才明白覺得這句話好笑的年歲，是因為心不夠大。做時間的朋友，把自己放在人生的時間軸上，你得明白：踏實和運氣同樣重要，沒有那麼多一蹴而就的成功，很多事情是需要時間的累積才能達成的。

一個人擁有獨立三觀多麼重要，年輕的時候總覺得自己能改變世界，後來發現自己不被世界改變已經實屬不易。年歲愈大，發現周圍愈是趨同的人類，他們相似的皮囊下架著相似的靈魂，他們像一大波僵屍一樣向你襲來，如果你被他們咬一口，就會變得跟他們一樣。你高歌著：「我們不一樣。」僵屍們會輕蔑地扔一句：「傻×。」

三十的時候沒「立」好，到四十的時候就很難「不膩」了。膩是什麼？是雞湯上飄著的油。整個湯看著混沌，得撇去多餘的油脂，方顯清澈。那層「油」有什麼危害呢？首先腦子肯定是拎不清的，對新事物嗤之以鼻，對年輕人的做法不認可。總覺得過去的是對的，過去的才是好的，特別是在劇烈變化的中國，還按照老的方法論操作。人最該保養的真不是皮囊，而是探索世界的好奇心。好奇心沒了，真的就是有的人活著他已經「死」了。

讓自己「不膩」的方法？我給自己開的方子除了少吃多動，還有保住少年之氣，怎麼保住少年氣？對世界充滿敬畏之心。還有很重要的是不倚老賣老，而為老不尊那是萬萬使不得的。

我有「三不」準則，是我在不多不少的人生歲月裡的參悟，一直都很管用，也是自我暗示，百試不爽。

那就是：不將就，不被裹脅，更不懼未來！

喏，給你囉！驚不驚喜，意不意外，開不開心？

道理都懂，但還是要蹚

很多時候，道理我們都懂，但還是要蹚。
這就是你，懂了那麼多道理，依然過不好這一生的原因。

我大概到了一個令人討厭的人生階段了，就是會因為工作中的一些小事情而發飆的年紀了。電視劇裡經常演的一個橋段是中年女領導剛發完火，各路人馬就窸窸窣窣地說：「哎喲，這是更年期到了嗎？」或者「內分泌失調吧？」。

將工作做仔細是我對自己的要求，比如我經常令同事「髮指」——PPT字號大小、字體、內容的闡述、圖片的排布……我一一指出。有一次同事自信說：「我猜你是處女座的！」

歲數愈大，愈喜歡思考自己到底是什麼樣的人。我是什麼樣的呢？我老覺得自己是一個有處女座天蠍座屬性的獅子座！這個組合是不是很可怕？

一件工作沒有閉環①是我不能忍的。當遇到那些做事沒有閉環的人，常常令我抓狂。一件事能成的時候告知合作的人一聲，這樣協調溝通的事情，就可以好好跟上了，不能成的時候，告知原因，人、事、物、場到底是哪一環出了問題？這個時候我們能不能有Plan B進行替代？或者完全取消？件件事情有回音，是為了給努力促成這件事情的小夥伴足夠的時間去處理突發情況，我最怕的是提前溝通好的事情，突然不能做了，而且當事人還完全不知道情況！

靠譜，變成了這個世界最可貴的品質！

當我們處理事情的時候，能不能多一分思考？協調溝通這件事情的小夥伴，會不會在微信的那頭等著你的訊息，然後才能完成接下來的工作？有些事情固然沒有你賺一百萬重要，可能也沒有你去取悅大佬們重要，它的蝴蝶效應可能也不容小覷。在溝通對接一些事情的時候，我們可不可以具有一些用戶思維，讓雙方的用戶體驗都變得好一些，這個在本質上是節約雙方的溝通成本的事情。做任何事情的時候，時間成本都是最高的成本，而流程性的工作，只要按照規則一步步去做，其實是很簡單的。

在職場有兩個能力很重要，一個叫共情能力，另一個叫同理心。共情能力是說，深入他人的主觀世界，了解其感受的能力。初級的共情，是說你能了解、理解對方的感受。高級的共情，是說你能在你們共事的過程中，表明你的態度以及影響到共事的人。同理心自不必說，就是說你能將心比心，設身處地地為別人著想。

其實，這兩個詞在一定程度是一個含義，只是出發點有區別。

記得有一次，公司公眾號要發表達晨資本CEO高洪慶的發言稿，我深刻地記得他逐詞逐句地檢查，我當時非常感動。不是說你是一個匠人的時候你才應該具備工匠精神，它是一種對自己所做的事情追求完美和追求極致的心，帶著這顆有要求的心，把你放在任何行業都不會有問題。對你所做的事情，有敬畏心。擁有這樣的品質，才能保證在人生這條道路上，走得更高更遠。

追求極致完美，肯定是不科學的。在工作中，我們追求的是相對完美，在我目前的能力範圍內，在一定時間段，做到我所能到達的最好的狀態就是相對完美。我記得我還在做培訓師的時候，一個PPT我可以改幾十遍，還是能找出問題。每次培訓結束後，我還是會反思，我今天演講的時候，鋪墊哪裡有問題，知識點在什麼時候抖出來最好，應該怎麼互動才最可控、最有氣氛。每次的演講培訓都如同一次表演，就是一槌定音了，當下就那個樣子了，可是事後我們還可以反思，然後在下一次的培訓中繼續改善和進步。

很多時候，道理我們都懂，但還是要踐。這就是你，懂了那麼多道理，依然過不好這一生的原因。

編註 1 原為品質管理學的專有名詞「PDCA」，由 plan 計劃、do 執行、check 核查、act 行動四步驟確保目標達成並促使品質能持續改善。

人生哪有準備好的時候

只要我們還活著，
就還有將事情完善和將生活變得更好的機會！

玩電子遊戲的時候，總會有個「READY GO」。我們總是急切地按下那個鍵，然後進入遊戲，獲得它帶給你的快感。遊戲最大的好處是它可以重新來過，無數次地重新來過。

而人生，當你做事情的時候，特別是做選擇的時候，我們往往糾結，因為，人生沒有重新來過的鍵。

我以前是個做培訓的，每次上課前，都要花費一些時間備課，通常半天的課，我至少會花費一個禮拜去準備。甚至，什麼時候拋什麼段子，舉什麼具體的例子，並且對於台下會給到什麼反應都會做一個預判。比如學員們給出贊同的反應，我要怎麼往下走課，如果學員們給出反對的反應或者其他激烈的反應，我該怎麼安撫他們的情緒等。

走上講台的那一刻，我總是要深呼吸一下。未必是真的準備好了，我是在告訴自己，是的，你準備好了！當我的課表排得很滿的時候，即使是我自以為準備得很充分了，但總還是會有意料之外的事情發生。後來，我想明白了，所謂工作，不過是單位時間內，交出的相對滿意的答卷。而每個人對於「優秀」的認知不太一樣，而我只是盡我能力給出一個答案。

每次上課前，我都會在腦子裡面過一遍我的課。很多時候，當我默背整個課程邏輯的時候，總會在某個邏輯點出問題，怎麼都串不起來，然後，我就需要重播一遍做好的**PPT**，再次強化一下記憶。等上完課後，再去複盤①，總是還能挑出一堆刺。心裡告訴自己，下回這塊可以做得更好，那塊的互動還要注意控制節奏，表達重點課程內容的時候需要給學員哪些點，更容易讓他們記住等。

我發現每次上課都有不完美的地方，每次都有需要完善的地方。可是，一節課對著同樣的人只能上一次。即使有些大課，我可能在半年內上了二、三十次，但在複盤的時候，我還是能找出面對不同學員「破冰」時需要改進的地方。因為不同團隊的學員對於同樣的課程設置的回饋是不一樣的。

有一段時間，我密集地見了一些項目創始人，以及一些基金的負責人。他們多數人會說一個相似的概念：我覺得時間點還不到，我覺得好像時機還不成熟。

創業、投資從來不是個快活兒。它不是今天把種子種下去，明天就會收穫驚喜。這個「時機點」的醞釀和預判都在每一個 CEO 的感性體會和理性分析的基礎上，我們幫助他們看項目，其實也不能替代 CEO 去做具體的決策，沒有誰會比創始人本身更了解這個項目。但是，創始人的感知未必正確，往往創始人對於專案的思考和判斷，是戴著腳鏈舞蹈，是在自己原本的思維模式下的打圈，旁觀者或者願意幫忙梳理的人，都在幹著一個活兒，就是把創始人拉出自我認知的圈子。只有將他們抽離出他們熟悉的環境和思維，他們才有可能擁有多維度的視角去審視問題。

我有時候會很冒犯地問他們：「你投的這個項目，你能給我講講你的邏輯嗎？」我是一個邏輯能力一般的人，但還是天天追著人家讓他人講邏輯。我認為，人真的要有一個開放的心態，一切皆可討論。每個人都有認知局限，也都處於時代的局限中。討論的過程以及帶給我啟發的過程，可能比一個具體的結果更讓我爽。因為在闡述每一個具體的思維邏輯的過程中，在計劃具體落地的過程中，一定會有你意想不到的「坑」在前面等著你。

我們總有一個幻覺，覺得每一次倒楣的時候，好像都是自己過往人生倒楣的峰值了，可是上帝總會讓你跌到更深的「坑」裡，笑著看你如何爬上來。當我們看到一個事情在一段時間裡成功的時候，我們總有很多讚美之詞去評價它。可是等這個項目在下一個時間裡落寞到無人問津的時候，我們也會有很多激烈之詞去批判它。

可是，人生長著呢，時間多著呢！即使是 ofo 小黃車 ② 的創始人戴威，我覺得他也還是有再戰江湖的可能性，如果真的有那麼一天，我想戴威更能感悟到人性到底是個什麼東西。

我曾看過一個畫展，那些畫家的作品風格不在文藝復興的風格內，這些「不入流」的畫家們組成了一個「落選者聯盟」，毋庸置疑，他們在當時的法國主流圈裡面不受人們待見。但是，後人卻把他們的作品視若珍寶，因為他們的作品不是主流的風格，但具備很多的獨特性，甚至開創了後來的「印象派」，所以被後人珍惜和歌頌。

所以，人生這件事，真的有準備好的時候嗎？你來到這個世界上，本質就是個意外，你爸爸媽媽那麼多基因，組合成獨一無二的你，你生出來之前，絕對不會跟你爸爸媽媽打個招呼說：「哎喲，您瞧好吧二位！我來了！驚不驚喜，意不意外？」而你出生後，經歷的諸多事情，不管是高考的前夜，結婚的前夕，還是公司做一個重大決策的時候，甚至你自己孩子出生的前夜，人生拋給你的每一個選項，大部分時候都是不給你解釋也不允許你改選，甚至你根本來不及也不能準備的。明白了這個道理，那還不如一閉眼一握拳，嘿，哥們兒，上了！

只要我們還活著，就還有將事情完善和將生活變得更好的機會！

編註1 原為棋類術語，在棋局結束後，重新演練一次並進行檢討。

編註2 二〇一四年創立於北京的共享腳踏車公司。

誰不是向死而生

怕死的你就別活著啊，
向死而生，是通透。

我經常出差，我媽總怕我一個女生會意外而亡。就像小時候大人給你編瞎話，告訴你外面很危險啊，有大老虎。我大學剛畢業那會兒，她只要看到新聞有什麼最新的騙術，綁架，滅口的案件，總會第一時間告訴我應對方法，千叮萬囑我要注意安全。

記得報紙經常報導河南有人販賣人體器官那會兒，我媽就很擔心，說可以選擇的話不要去河南出差。當我去東莞出差，我媽就總怕我遇到一些不可描述的事情。看到創業公司的老總們出師未捷身先死，我媽就會叮囑我好好吃飯，不要超過十二點睡覺，如果可以的話，最好十一點就睡覺，肝臟要排毒之類。

我理解父母的擔心，只是好像他們這些焦慮在我這兒顯得很蒼白。生活最後都是自己的，父母不能代替你活。在父母的想像裡，我只要出差，在外工作，就吃不好喝不好，好像除了家以外的地方都是難民營。我這麼大一活人，在他們心裡總是不知道吃不知道喝，就知道努力幹活，這也是很多父母腦洞清奇的地方。

今天早上又看到一位創業者去世了，拚起命來工作的人，不知道是不是也會後怕，不知道這種超載的能耗，何時會讓自己燈油燃盡，變成下一個大家唏噓的對象。當一個人身邊的人得了重病或者去世之後，我們總能總結出幾百條得病的理由，不該這樣不該那樣，可是真的要想有一番成就的人，哪一個不是甩著自己的鞭子，堅決地朝著目標前進呢？

我們理想的生活是「錢多、事兒少、離家近」。對家人說我找到的工作，家人就會三連問：加班嗎？錢多嗎？遠不遠啊？如果說加班，母上大人就立馬說：「哎呀太辛苦了，不去了不去了。」一生怕你一口老血噴在鍵盤上，真的就為事業獻身了。如果世界上真有這等好事兒，你也不問問憑什麼就能降落到你頭上，是有傾城傾國之貌，還是有橫豎都溢的才華？

不管是工作還是生活，最後都是自己選擇的。有人覺得有一個和和美美的家庭很重要，那是安全感那是港灣，工作不過是一種營生的手段。有的人覺得，實現社會價值更為重要，在時間的分配上必然會給工作更多的份額。成年人選擇了，接下來就是為你的選擇負責，你別自己邏輯不自洽。比收入的時候要跟高的比，也不看看自己的付出，比工作負荷的時候，要跟低的比。你我大多是資質平庸的普通人，上輩子也沒有拯救銀河系，那也就不要抱怨為什麼找不到「錢多、事兒少、離家近」的工作了。

我困惑，佛說：「你不能貪嗔癡。」我完全不能劃定這個邊界，哪些是貪？哪些該界定為嗔？哪些又是癡？我拚命成什麼樣就超過了這條線，而我什麼時候該適可而止？我們總是說些似是而非的「雞湯」，也並沒有安慰到誰，像是所謂的過來人讓你追求安逸的勸說詞兒，又像是不好好努力的時候隨手可得的藉口。

推杯換盞三、四巡後，有些人就開始犯跟別人談理想的臭毛病了，「你要追求生命的高度、廣度、寬度啊，生活不止眼前的苟且啊，你要追求生命的意義啊！」意義是怎麼追尋出來的，廣度、高度、寬度是怎麼得以體現的，還不是不斷打破自己的框，去追求更多的可能才會實現的嗎？

「你來上海多久了？」

「兩年多一點。」

「為什麼來上海？」

只是覺得以前的日子一眼看到頭了，我能準確地知道自己的職業生涯的每一個點，我覺得這種可預見性才是我更怕的東西。

你怕死嗎？

倒是不怕，怕沒品質地活。能說話的人愈來愈少，大部分人二十五歲就拒絕新知，在所謂的人生軌道上安逸地活，然後到八十五歲再埋。

反正早死晚死都得死，你們誰逃得了？我不過是早就看透這個東西，所以，我才想在有生之年探知更多的可能。電影《楚門的世界》（The trumen show）中說：「外面的世界跟我給你的世界一樣的虛偽，一樣充滿謊言，一樣充滿欺騙。」就算真的有大老虎，你是不是也該好奇下大老虎長什麼樣吧？「王」字到底是在牠腦門上還是屁股上？

我是有很多妄念的人，我不知道這些算不算妄念，但是因為我想要，所以我做出了某些選擇，也因此承受了選擇帶來的不舒適感。活著的每一天都在向著死亡進一步，每一天如約而至。

怕死你就別活著啊，向死而生，是通透。

活著，請不要丟了少年氣啊

放棄某些優秀的品質一定比堅持容易。

拿出十年前自己的照片，我從未想過自己會胖成現在這個樣子。那個時候我還在自豪怎麼吃都不胖。那個時候，帶著一幫玩 Cosplay 的朋友，到處參加亂七八糟的演出，到處勾搭些有的沒的，到處投稿期待自己的文字能被人賞識，還玩跆拳道，到處給人表演花式踢碎木板。

這一晃十年過去了。

我實在不偏愛各種性質的同學聚會，可能我是無法直視過往的自己，也或者我是活在未來的人。現在如果有人說，你還記得當年什麼什麼事情嗎？我多半都回憶不起來細節了，當你的生命不斷充斥著各種刺激腎上腺素的事情，過往的事情，就像是被海浪一遍一遍沖刷的沙灘，每次滿心歡喜的沖刷都帶來新的故事和序章。

不管我喜不喜歡現在的自己，但是過往的一切經歷造就了今天的我。我想我還是喜歡現在的自己。我不太在意別人喜不喜歡我這件事，我能保證跟你交流的當下，我一定真誠。交了多少學費，行走了多少風景，我慶幸的從來不是看風景本身，而是遇到足夠多的人，讓我知道這個世界上有這麼多活出不同狀態的人，我未必對每種生活狀態都認同，但我在試著了解，每一種人存在的原因和意義。這在大部分時候使我變得開闊寬容。這種體驗，是我更為珍視的。

前幾日去北京出差，前門星巴克旁邊是一堵感覺快要塌了的舊城牆，旁邊是一絲不苟充滿青春活力的 PAGE ONE 書店①。當時我想到每一個看似神采奕奕、精神飽滿的中年人，很多時候都在咬著後槽牙硬撐。大部分成年人鬥志昂揚的口號，背後都藏著被生活虐千次依然要再戰的疲憊。

焦慮是這個時代的通病，我們處在一個激蕩的、快速的、變化的時代，眾生都害怕做時代的孤兒，都怕被時代拋棄，所以我們焦慮。因為焦慮，大家就更加喪失了篩選資訊的能力，沒有時代理性，逐漸變成容易被煽動情緒的人。大家不過是時代浪潮中的小蝦米，每一代人的生活都會裹脅某個時代的背景。

我被裹脅在這焦慮中，當我意識到我的焦慮，我清晰地感受到所謂的詩與遠方，終究會被現實攪和得稀碎，那個時候你持續了多年的所謂少年銳氣，是不堪一擊的。我想著令人發出一聲唏噓的曾經有夢想的青年是如何人到中年泯然眾人的過程，不過是因為現實是軟刀子，它一次一次的節奏緩慢地將你的天真剁成餃子餡，堅強的、有信念感的人會收拾好破碎的自己不斷奔向夢想的終點，可大部分人都選擇了與現實妥協。我以前會對那些堅持不住的中年人嗤之以鼻，後來我理解了他們，自己有什麼資格去嘲笑別人。

當你回首時，你發現有些詞語，比如：堅強、堅持、毅力、勇敢、魄力、善良、真誠，這些你需要用生命踐行和丈量的詞語，你曾經毫不費力地擁有過這些詞語，但在某一天突然就被你丟了。你甚至都回想不起來你在何時丟了它們，而你發現你再撿起它們太難了。你抬起頭來仰望那些爬到所謂生活山頂的人，你發現這些人的身上還攜帶著這些詞語。你說：「真好，真羡慕！」然後一口酒下肚，雙眼朦朧，為自己嘆息。

放棄某些優秀的品質一定比堅持容易，但我想對大家說：「活著，不要丟失少年的熱情和勇氣啊！」

今年我試圖讓自己慢下來，和自己和解，和世界和解，去體會和理解身邊的每一個行走的人。我享受做一個觀察者，也在思索我到底要變成一個什麼樣的人。成年後的我，沒有真正地想去過節日，包括自己的生日，我反思，為什麼我如此不在意過節的儀式感？後來，我發現時間和歲月是你活在這個世界上最好實現的東西，即使你不跨年不過生日，這一天照舊會過去，我莫名覺得這個事情太沒有成就感，我的儀式感大概體現在我所珍視的每一件事情上，我算是認真生活的人，所以不必要在大家都歡樂的時候，非要如何有儀式感地度過。

我早就做好了不把自己裹脅在繁瑣地應付各種人情世故中。生活雖然是不斷創造麻煩解決麻煩，我們也沒有必要明知前面是個大坑，卻還要跳下去。生活自然有樸實簡單的快樂，跟父母去聊一些小時候的趣事，或者試圖讓他們理解你在做的事情。我跟我父母「硬剛」了那麼多年，終於在這兩年，我父母也試圖理解我不是那個活得像張三李四隔壁老王一樣的孩子了。他們的孩子就是有一些不一樣，用奇葩或者別的形容詞來說我，我不介意。

我從幾天前就在想有什麼字可以概括我的今年嗎？想了很久還是無果，眼前一幕幕閃過這一年的十二個月我都做了些什麼，當時的心境如何，為何會做出那樣的選擇，如果再遇到一次這樣的情境，你還會如此嗎？

生活有各種形式，

The right way，the hard way or the easy way，

但是人生沒有 pathway。

編註1 創立於新加坡的大型連鎖書店，主打中、英雙語書目，現在主要店面都在中國。

嫌棄老闆是我們的「續命」的方式之一

要有娛樂精神、娛樂精神、娛樂精神，
重要的事情說三遍。

每個公司都有這樣一個微信工作群，這個群充滿了正能量，人人都有一種誓要為工作獻身的大義凜然感。一群熱愛工作、積極上進、工作到無法自拔的青年在這裡集合。

給同事鼓掌，給老闆點讚，莫名獻花。被老闆誇讚後賣萌，表決心的奮鬥狀，江湖義氣的抱拳！

這裡的空氣安靜祥和，宛如一潭死水。然而，這種群裡通常上演的是眾人毫不走心的表演，一種職業人日常的應激反應。

當然，每個公司除了這樣的群，還會有一個個游離於老闆視線之外的「暗群」，這些群的作用主要用來嫌棄老闆。在這個群裡，每一個員工都是段子手，每一個選手都彷彿打開了嫌棄老闆的任督二脈。隨便截取一段聊天紀錄，都是《吐槽大會》的水準，好像員工的語言巔峰就體現在嫌棄老闆這件事上。

為什麼我們嫌棄老闆這麼重要？

老闆難道不是用來嫌棄的嗎？

不發老闆的牢騷，怎麼好好工作啊！

九〇後們看著與自己父母年歲相似的老闆，連連擺手，這屆六〇、七〇後不行，太慢太慢。

八〇後們挺直了腰板，四十五度角仰望著遠處的星辰和大海，會心一笑，是的，沒錯，世界快要是我們的了。

現在的老闆為啥值得被嫌棄？以前的上下級關係斷然不會是現在這樣的。七〇後就職以前的上下級關係，基本上是老闆說什麼都對，老闆說什麼都要想辦法去執行。比如老闆覺得紅配綠美妙絕倫，看著你的衣服配色醜，可能你就得想辦法將紅配綠配套穿起來了。

過往的職場，老闆的認知甚至品位都得貫徹到公司的方方面面。梁文道在《審美的敗落，從宣揚「醜」開始的》裡面說：在中國，無論在什麼樣的機構，一個人只要是坐上了「領導」的位置，似乎就搖身一變，成了一位在任何領域都非常專業的人，掌握著種種事項的生殺大權，而設計、規劃和審美，不過是其彰顯權力的領域。

所以，我們經常會收到來自老闆的讓人困惑的指令，你若參悟不明，那定是你天資愚鈍。中國人這麼好面子，大部分人不好意思去跟老闆確認他到底是什麼意思。

比如，老闆說：「你這個設計不行，你懂我的意思嗎？請給我一個五彩斑斕的黑，需要有一點點的層次感。」

你滿臉問號，五彩斑斕的黑？你在逗我嗎？

再比如：「這次我們活動邀請的嘉賓，只有一個要求，要高規格！高規格！高端大氣上檔次那種！你能不能給我一點高級的感覺？」

老闆你解釋下什麼叫高級，好嗎？

你自己不會悟一下嗎？

老闆當然是老闆，老闆要顯擺自己的時候，你一定要準備好期待的臉，必要時要鼓掌，順便對老闆說：「您怎麼那麼英明神武！」

我一直在思考，在當下的社會，我們應該跟年輕人共建一個怎樣的公司環境和人際關係。巨變的時代帶來資訊獲取方式的多樣化、需要做成一件事的知識結構不再單一，造就了當下一個「後喻時代」。這個詞以前用在家庭關係上，指的是長輩需要向晚輩學習新技能，這個時代的主要特徵叫「文化反哺」，這個詞用到工作場合也完全適用，意思就是老闆不是絕對的權威，扁平化的管理是必須的。在這個時代，資訊的鴻溝可能比代溝還要嚇人。

企業家衛哲在闡述企業如何制定戰略時，拋出過一個問題：「做戰略到底是要自上而下，還是自下而上？」他說，早先你們知道的「雙十一」天貓購物節、聚划算都是下面的員工自發做起來的，「雙十一」購物節在做了好幾年之後，才上升到真正的戰略層面。實際上，所謂的創造性工作在「創造性」這三個字上，絕大部分的年長者都比不上年輕人，因為年輕人沒有那麼多的路徑依賴和思想包袱，在處理事情的時候沒有那麼多思維上的條條框框。

訊息的爆炸，知識的反覆運算速度變快，不管哪一代人，每天都被新的資訊、新的知識洗刷著，我們都要謙卑，敬畏，敢於「空杯」。這代年輕人有一些新的特點，他們更有個性，更有自己的主張，更願意為自己活著。他們沒有那麼窮過，他們工作更多的是在為自己認同的事情努力，而不是為了糊口。那種混口飯吃的人多半不會嫌棄老闆。因為服從老闆的一切決議，是最省力的工作方法。

那麼那些職場中的年輕人要怎麼調整自己的心態和節奏呢？

我總結了以下三點：

不走心地吵架

年輕人要做的是，跟老闆的吵架要做到不走心，對事不對人。工作應該是以成果為導向的，結果也只是完成而已，而成果是需要有品質地完成工作。

萬死不辭

這個詞原本是說，死一萬次也不推辭，表示願意拚死效勞。在現代年輕人的語境裡，這個詞的意義變成：每天被老闆氣死一萬次，但是仍然不辭職。排除年輕人真的是窮的原因，他們這樣做一方面表示這個老闆很值得跟隨，另一方面表示這個員工非常有韌性。我常常遇到創業公司的員工很有信心地跟我說：「我賭老闆會贏，所以我堅持留下。」

跟什麼樣的人同行

生命有限，有意義的是，我們還可以選擇，到底跟什麼樣的人同行。不是所有的老闆都那麼善良和有正能量，有的老闆善於畫餅，餅畫得比臉大；有的老闆嚴厲，但是很有分量。如何選擇你的老闆，選擇與誰同行很重要。因為，奇怪的老闆除了會讓你氣到肺炸掉，還可能扭曲你的三觀。

你喜歡跟什麼樣的人一起工作呢？

我喜歡的人都有以下兩個特點：

一、善良（不作惡是做人的基礎，這很重要）

二、利索（邏輯清晰，思路在理）

最後，是給老闆們的Tips：現在的年輕人都不是省油的燈，要有娛樂精神，娛樂精神，娛樂精神，重要的事情說三遍。

這場「996」的博弈

我們當然沒有真正的自由，
沒關係，至少我們還有表達的權利。

有一段時間被「996」①的話題刷屏，你能明顯看到四個言論的分水嶺：老闆視角和員工視角；年輕員工和中年員工；家裡有一點底子的員工和家裡沒有底子的員工；熱愛工作的員工和愛誰誰的員工。他們在言論上顯示出來的差異性一目了然。

老闆們當然歌頌「996」，因為壓力都是他們的，稅收是他們的，融資壓力還是他們的，在管理上，一定無法照顧到所有員工的感受，從老闆的角度來說，如果我能最大限度地讓員工們努力工作，那對公司的業務促成是一定有好處的。

在人類進化這麼多年，人性中的懶惰從未變過。人類因為懶，發明了飛機，這樣不用自己走也能日行千里。人類因為懶，發明了洗衣機，於是我們不用自己洗衣服，也得收穫乾淨的衣服。老闆因為懶，覺得「996」在某種程度上是一種有效的管理制度，因為不管你工不工作，你坐在公司，看著公司人來人往熙熙攘攘，老闆或許能感受到一種大家都在努力、公司一定會好的感覺。就好像一個掌握不了學習方法的人，天天熬夜到淩晨，見過四點鐘的太陽，便覺得自己還是有考滿分的希望的。這其實跟你當年參加高考的時候是一模一樣的事情，大家都要在裝模作樣地學習，一年有三百多天在教室裡坐著，但還是有很多人考不上大學。

顯然不是所有的員工都熱愛工作，也不是所有的員工做事都會有好的結果。所以，從老闆的角度出發是可以理解「996」的工作制度的。當然，如果能從績效考核的角度去設定員工的工作，可能是符合邏輯的思路，當然這對老闆的能力就有更高的要求。這個時代，老闆如果還依賴過往的思路去管理員工，多半是盤活不了一個公司的，畢竟年輕人更願意為自己工作，更願意為自己認可的事情而奮鬥。

員工當然是抗拒「996」的，特別是在北京、上海這樣的城市。我跟很多人聊過天，即使在北京、上海工作，我覺得他們從未生活在北京、上海，他們只是活著。從人類發展的角度來說，工作顯然只是生活的一部分，還有老婆，孩子，熱炕頭，還有孩子生病，老人贍養，還有那些海市蜃樓一樣的詩和遠方。國外的朋友聽聞我的生活，常常說我是「Work Machine」，本質上我是「戀戰」的，我能從工作中獲得快感。但是，我也有「浪」的時候，請假半個月自己就去玩兒了。

一些成功人士經常被問及：「你是怎麼平衡家庭和工作的關係的？」實際上，工作和家庭就是一個動態關係，因為它們一定會在某個時候此消彼長，所以我們需要一直平衡，你總有年底一大堆資料要看，一大堆客戶要謝，一大堆總結要寫。你也總會有喘息的時候，發現陪陪孩子和家人，在某一處虛度時光是很美妙的事情。成年人的時間有時候由不得自己選擇，是周圍一堆人推著你前進，然後你還需要有阿Q精神，從生活的那些個苦中，體會那一絲絲的甜。幸福啊，一定是比較級，沒有那麼多苦的鋪墊，你都不能體會那一點點的甜有多甜。

馬雲這種大佬當然是站著說話不嫌腰疼的，脫離群眾太久了，說出來的話就跟「何不食肉糜」一樣。他的「996」和劉強東的「007」②都不是我等普通群眾所能享受的。馬雲的「996」是可以高度支配的「996」，是在高爾夫裡面的「996」，是跟不同人Social的「996」，是在西子湖畔的激揚文字揮斥方遒的「996」。強東的「007」也不是你的「007」，是調戲女大學生的「007」，是喝著美酒的「007」，是陪著貌美妻子散步的「007」，是回家祭祖的「007」。跟你辛苦修改PPT到淩晨，修改方案到白頭，寫代碼寫到髮際線消失在地平線的「996」或「007」，在本質上就是兩碼事。但是，當你沒有能力擁有Freestyle的工作的時候，有些苦還是要受的。

這個討論的本身有意義嗎？必然有意義，是因為我們總要通過這樣的爭辯去開啟民智。我更怕的是，更年輕一些的人聽完大佬們的發言，認同這些話，覺得這就是真理。我們需要有兩種能力，就是獨立思考的能力，並且以自己的獨立思考去主導自己的人生的能力。你想過哪樣的生活，就要去爭取，而不是聽從誰的。

叔本華說：「一個人所能得到的屬於他的快樂，從一開始就已經由這個人的個性規定了。」痛苦和無聊是人類幸福的兩個死敵。當我們感到快活，在我們遠離上述一個使我們免於這種痛苦的時候，我們也就接近了另一個敵人，反之亦然。欲望不滿足就痛苦，滿足就無聊，人生如同鐘擺在痛苦和無聊之間擺動。財富就像海水，飲得愈多，渴得愈厲害。

引用這段話，我並不是想掉書袋，我只是想告訴你，成人的世界從來都不容易。活著，何必讓別人的說辭去主宰你的人生？

在這場「996」的博弈中，只見老闆連連畫餅：來吧來吧，「996」。

只見員工連連擺手：不了不了，我要命。

在這場博弈中，所有的「良家婦女」都會「下水」，所有的「風塵女子」都不會「從良」，在這個「坑」裡的一時半會兒是出不去了，不在這個「坑」裡的也會因為經濟大環境的影響很快入「坑」的。

這個世界哪有什麼穩定的生活？有時候我們全力奔跑，也只不過是為了能夠停留在原地。

編註1 指早上九點上班，晚上九點下班，一週工作六天。

編註2 網友調侃，形容一天工作二十四小時，每週工作七天的工作制度。

一個人的「耐電值」有多重要

生活對人來說，沒有什麼機會主義者，
你想投機，它會還你真相。

什麼是創投工作，是尋找優秀的專案和基金公司，選擇和他們同行。這個是我 Big Boss 的「官方」解釋。但是，如果去解構我的工作，那只能通俗地說跟各種男人聊天了。在這個行業裡，女性非常少，連我們自己的團隊80％以上都是男性。這麼解釋又似乎油膩了些，一股大豬蹄子味兒。

你要說我多專業，信奉什麼體系，哪個出處，去判斷一個項目或者一個創始人能成與否，那倒也沒有，畢竟所有的知識若不能串聯和併入你的自有體系中都不能稱之為智識。英文講 Wisdom，智識不是說知識，而是統領知識的智慧。

所以，我不單方面信奉某一套體系和誰說的話，那些東西都是在我和創始人談話過程中隨意拿來組合的東西，大概這就是學院派不屑的野路子，不管哪個路數，成事一定是你最後判定的重要標準。

我其實不是那麼喜歡電①人，我所有的問題，都是我的好奇，我好奇就會發問。但對於談話方，他們的心理動態大約是這樣的：如果你問的是簡單問題，他會覺得你毫無水平，畢竟大部分創業都是基於自己曾經的背景，他在行業內浸染的足夠久，他們就會有所謂的「包袱」，這個東西正面理解叫專業性，負面理解可能就是那個無形的圈，禁錮你創新的那個東西。因為，中國處在一個巨變、動盪、快速發展的時代，如何在這樣的時代有一些建樹？答案是：你就不能穿著棉襖洗澡。

如果我問的問題稍微有深度一點，甚至是那些沒有確定答案的問題，我當然也會有預判。唯有這種問題，才能顯出對方的人格。比如，你對行業是否有自己的解讀，而不是來自「得到」②、或者某一個大V，它甚至不需要絕對精準，但它要有你思考的痕跡。

怕是中國人在語文試卷中閱讀理解題做多了，大部分人回答問題時都想說出一個不會出錯的中庸答案，你能從他眼睛裡讀出來一種訊息，叫：「你看這大概是你想要的正確答案哇！」這類人多半不自信。創業是孤獨的，有時候是沒有具體答案的，它需要足夠的開放思維，然後變成具體的可以執行落實的方法。這個過程孤獨，充滿壓力，很多創業者的心裡話是無人可說的，所以，主見、自信、方向感很重要。

你發現他的專案團隊有某個具體的短板，你就會挑戰他說：「你這塊可能是有欠缺的，而且可能會是制約你成長的主要因素，你怎麼看這個問題？」

至少我是很怕別人立一個高 **Flag** 跟我說其實這個沒啥問題，有時候一個領導者需要對著下面的執行員工打雞血，但面對我們，我們需要聽的是理性的分析，你如何中立地看待這個問題。面對這個問題，你前瞻性如何？你在指揮打仗的方向感如何？你操盤布局的能力如何？你對細節的把控如何？我可能不需要你高昂姿態拍著胸脯說沒問題，任何事情說起來都比做起來容易很多，我倒是寧願你認真審視自己的不足，團隊的不足，去審慎地判斷和周全地思考。

我可能會因為一個問題沒有得到一個可執行的方案，在聽談話人闡述邏輯時反覆提問。一些大問題，有時候我電一電創始人就能迎刃而解了，要是吹牛能解決問題，世界上

90％的問題都不是問題了。這種挑戰，我們可以看到的是，面前的這位創始人在面對高壓追問時的反應，他／她是立馬就脆弱了，還是有思考有邏輯地應對，還是會陷入沉思，還是會拋出問題邀請你一起討論。

創始人要是一上來就崩潰了，情緒失控了，脆弱了，那創業還是算了吧，畢竟這才哪兒到哪兒，你就脆弱了，你就難受了，那怎麼面對後面的九九八十一難啊？要是都順著你話講，感覺對方像百貨公司處理投訴的小姐姐，這種也很嚇人，就是認錯態度特好、特快，但就是解決不了具體問題。就跟電視劇裡面的妻管嚴一樣，老婆沒說兩句話呢，自己搓衣板就準備好了，大喊一句：「老婆，我錯了！」你要是追問幾句，發現他其實也不大清楚自己到底錯哪兒了，下回可能還會犯同樣的錯誤，最後條件反射了，你倆就別好好對話了，人格就不平等了，你一追問，表面上看好好的，他內心就已經顫抖了。「上回也是這麼問的，我還是不會啊！」

除了正兒八經地在工作場合對話以外，多場景的對話更重要。比如，吃飯的場景，「德撲」[3]的場景……因為正式的場合，人在這種場景下會構建一個正式的狀態，所有的話都可能經過修飾，語言也是經過一些篩選的，那就會隱藏一些東西。觀察人和事物一樣，需要多場景多維度的觀察。

耐「雹」，雹在有些人的語境裡是不好的詞語，因為有可能一直讓人處於思考的狀態，他會覺得疲憊。「耐」字，體現一個持續性，創業不是一次就結束的事情，可能需要反覆的自我發問，別人的發問，隨之而來的是自身的自省和打破自己認知局限的思考。

跟金屬一樣，這對渴望成功的人絕對是一次又一次的淬煉。人成功之前一定要有所忍耐，不管是體能或者心靈或者物質，唯有這種隱忍，才能逼著你去思考、實踐；當你站在巔峰的時刻，你才會體會到那種巨大的爽感，老子就是這麼優秀！一旦成功的原因太投機、太不費力，金錢多數時候就會像龍捲風，來得太快，而去的時候會一片狼藉。

有一類人，在體制內的職場中已經到了中高管的位置，就容易端著，太拿過去說事兒，那一套體系深深地扎進骨髓裡，怎麼都出不來。出來創業了，發現環境都變了，誰也不為你的過往買單了，他就慌了，我們稱這類人叫「高位截癱」。前半生太順利了，創業時候偶像包袱太重，其一低不下高貴的頭顱，其二爬不出體制內的思維，害怕失敗、不允許自己失敗而喪失了很多機會。不是所有的中年人，失業內退都適合幹一個叫創業的活兒。

人總想留下活過的印記，殊不知，這一路走過的軌跡決定了你能不能留下印記。生活對人來說，沒有什麼機會主義者，你想投機，它會還你真相。在某個時機，你突然懂了，生活原來在這裡等著我呢！

想成事，有個很重要的特質，叫不慣著自己！耐電，不過是第一步，生活不是瑪麗蘇電視劇，生活是黑色幽默。

編註 1 原文使用簡體字，音同「懟」，意思同台灣習慣用語「電」，故做修改。

編註 2 由羅輯思維團隊出品的知識服務類手機 APP。

編註 3 國際撲克牌遊戲「德州撲克牌」的簡稱。

哪場創業不被電

沒有被投資人電過，
你都沒有資格說你創過業！

北方話非常神奇，它先天具備的幽默感以及場景感，我的微信好友中，經常有人找我的時候問：「親，在嗎？」為了節約時間，我通常回一個字：「咋？」

想用這一個字充分表達我目前的一種狀態——很忙！有事請奏無事退朝。

有些人絮絮叨叨說了一堆，完全不在重點，不知所云，我通常回一個：「啥？」有些創業者的情感比較細膩綿長，為了表達自己的意圖，描述一件事情之前會加很多心理活動的表述，所謂外化內心活動，為了表達我並沒有很在意你說的過程，我更在意結果，我通常也只會回：「好！」

這個字代表了我認同你說的事情，你的心理活動我也理解了，但是我更在意結果，這個「好」是為了回覆事情本身，至於情緒，有時間我會嘮兩句，如果倆人說話風格差距大，太為難彼此了，還得贅述很多，也就放過彼此吧。

我理解這是一種邊界感，人太多，故事也很多，你想說就說，不想說，也還有下回呢！等你緩過來，我們再敘。

最近，一些機構邀請我去講點什麼。我會問他們，你們想讓我講什麼呢？我也會順便問下，隔壁老師標題是什麼？通常他們的標題都會非常專注在「術」的層面，比如：「在什麼什麼（通常是一種情形）下，公司的治理邏輯」或者「創始人應該具備××思維」。這些老師肯定學習都比我好，因為一看這個片語結構就充滿學術論文的感覺。

我總覺得，一般的創始人都具備一定的做事上的「方向感」，具體的「術」當然需要，但是它不具備普遍性，這就是為什麼創業培訓難做。但是，如果非要把一群創業者放在一起，說一說「道」，再結合您自己做事的套路，會不會思路更清晰一些？我就給自己的課取的名字叫：「沒有被電過的創業不完整」。我是想站在創業者的角度去講講，投資人為什麼會電你，電你的大概是些什麼套路，你應該怎麼應對，投資人電你的時候，你更應該具備什麼樣的心態。這是我的本心，但是至於我輸出的內容到底如何，恐怕還是取決於聽的人。

首先，創業應該有顆大心臟。八五後、九五後[1]的人創業有一個特點，因為年輕就具備操盤意識，通常有顆大心臟，跟你交談時，還會特別坦率地說，老師您不要光挑好的說，您得多說說我的問題，沒事兒，我年輕耐操。

我當然喜歡這樣的創業者，我們喜歡一起腦爆一些東西，我期待我們有良好的互動，給出可能給彼此帶來啟發的語料，通常一陣交談之後，大家都很愉悅，因為作為項目方覺得自己好像受到了啟發，作為投資人我也學習到了這個行業的情況。這樣也能補充我遇見這個項目之前所做的行業研究，讓我的認知更為豐滿。無論從哪個維度，這都是**Happy Ending**。

當然，我遇到的大多數創業者還是七〇後八〇初。這類人裡面，成功的往往心態都很開放，一個人心態開放，某種程度上是一種自信的表現，這種溝通更容易是平等、舒適的。但是，大部分時候，我遇到的有防禦心的人更多。

防禦的意思是，我說話前，對方先把姿態放這裡。我歲數比你大，資格比你老，你自己掂量掂量什麼該說什麼不該說。

通常這類人就很難伺候，他們本質上對自己也沒有那麼自信，所以對別人的反應會有過激表達，所有的話都得滲透出十七八個意思，而完全不能明白我們談話的本質是想讓這個項目變好。

他們通常會這麼表達自己的立場，在我們的對話開場前——「小姑娘（用這個稱呼的多半是個『死直男』），我在這個行當作了幾十年囉，不能說是行業最優，但是你出去打聽打聽，還是有一定的江湖地位的。」

怎麼說呢？我感到無奈，你求人辦事，把自己放在菩薩位，我們怎麼溝通？我打聽你個槌子，你現在創業還不就是從頭開始嗎！有一些人是從國企內退或者外企被裁員的，還有一些人是在大企業裡面不得志，不得已出來創業的，因為曾經積累的優越感，出來後一下子不能接受自己跌下「神壇」，渾身都透著一種「自以為是精英」的氣質。

創業這件事，是要告別過去的你。曾經你在的那個位置，可能有很多人理你，是你的平台帶給你的一些榮耀，而離開了那個平台，你自己是個什麼樣子，受不受人待見，人緣怎麼樣，心裡沒有點 Balance 嗎？

這類人還有一個經典話術：我的資源非常多，我認識誰，誰跟我是好兄弟。這也是我厭倦的語料之一，資源如果不能落地，那就是天上的雲，看似豐滿，一吹就散，跟你沒有任何關係。

創業到底是誰在做事？是你啊，不是你的資源啊！如果你的基礎邏輯不成立，資源也就是「鏡中花，水中月」，只是看起來很美。而且資源的本質是什麼，不能總是求別人幫忙，好的關係，難道不是彼此賦能嗎！

你過往在那些在大企業裡面養成的臭毛病，吃吃喝喝，商業互吹，在某種時候能起到一定的作用，但是創業的江湖容不下那麼多泡沫，一睜眼就是真刀真槍的成本在流動，而你只想用吃喝擺平事情，沒有有效地完成事情的邏輯，標準化的運營沒有成立，後面所有的浮光掠影都是給你的「作死」助興。

這些人往往意識不到，投資人還願意花時間去電你的項目，是因為他感興趣或者他覺得還有一些探討的價值，他的本質不是為了電你而電你，而是希望對你有所幫助，你活這麼久，連這樣的訊息都讀不出來，你前半生的生活是充滿了多少惡意啊！

大家時間都寶貴，一個項目約見創始人見一、兩個小時，我頭一個半小時都是商業互吹，後半個小時再說正事，是不是閒的？要聽好話，也不用去找資本，自己在辦公室逐個找員工聊天，中國人還沒有完全進化到看到老闆都巴巴說實話。

更成不了事的創始人，就是聽完只顧生氣了。哎呀，那個氣啊，小丫頭片子你算哪根蔥，對我吆五喝六的，你懂什麼？

這個時代，早就不是拍馬屁就能把錢掙了，是大家商量著把錢掙了，你說說你的商業模式、盈利模式、核心壁壘，我覺得還不錯，有可能的情況下，給你一筆錢，看看你的企業能不能變成一個更好的企業。

我們得承認，不同行業、不同出身的人，說話的方式不太相似。但是，你要相信，每一個投資人發問的點，都是他／她想不明白的地方。這同樣也是你的機會，把這個質疑回答好，化解投資人的異議，才是更值得的做法。

我常常特別慶幸，我進了這個行業，除了能認識一幫很聰明的人，還強化了我做事的正確方式。當我遇到問題的時候，首先是想解決方案，而不是去擴大情緒。北上廣[2]容不下眼淚，創業也容不下焦慮，焦慮是不足以解決事情本身的，因為焦慮完還得去解決事情。時間對於企業來說極其重要，在中國經濟持續發酵的背景下，我們通常把創業企業的進化週期縮短為半年，如果在一段時間內，我們都沒有進展，後面的結果，就是如你我可以預見的一樣，它被拖死了。在不盈利的情況下，屁股坐著的每一分鐘都是錢。

當你第一次被投資人電的時候，你發現你的情緒是如此的抵觸與不安，如果你回家之後，能對今天你所有回答不了的問題做一個複盤，將你做成事的路徑和邏輯反覆推敲，然後內化成你的東西，這才是更有價值的事。

當你第十次見到投資人的時候，你能總結出他們的套路是什麼，要怎麼化解，該坦白的時候坦白，該修飾的問題修飾，遊刃有餘，是不是融到資的概率也會變大？誰也不能預見未來，誰也不能保證這個項目就一定好，但是有時候，我們看到更自信的創始人，更清晰的思路，我們會覺得不管他／她做什麼，我都想投他／她，因為對面這個人看起來就是會成功的樣子。

我們老說放大格局，我們很難描述出格局具體是什麼？當我們能看出，投資人在對事不對人，這些言語背後的動機，只是希望你的項目變好的時候，你的心境或許會開闊一些。

如果你的創業都沒有被人電過，不僅創業不完整，人生色彩也太過單調了一些。

沒有被投資人電過，你都沒有資格說你創過業！

編註1「八五後」泛指一九八五年後出生、「九五後」泛指一九九五年後出生的世代，「七〇」、「八〇」也都是以西元年後兩位數去泛稱。

編註2北京、上海、廣州的簡稱。

每一場出差都可以是詩意的流浪

和世界談個戀愛吧，
萬物皆美。

我經常出差。從最初的顛沛流離的內心感受到現在的逐漸享受，我終於可以把每一場出差都變成是詩意的流浪了。我常常一個人旅行或者出差，我笑稱這為有生存感。去一個沒有人認識我的城市，然後一個人去覓食，一個人去想去的地方，孤獨的只有自己和世界，能聽聽自己內心的聲音和這個世界對自己的回饋。這很重要，喧鬧是別人的，而你剝離出自己，看著他們，你便擁有了不同的視角。

去武漢要去聽聽長江的聲音，去看看她的壯闊和精美，和她滋養的人民是怎麼裝點她的美。去感受這個城市過早的儀式感，早餐店的喧鬧與特色。吃一碗原汁原味的熱乾麵，麻醬充滿嘴裡的感覺，黏膩香醇，思考著為什麼武漢人如此熱愛這款食物。黎黃陂路是一條很小的歷史街區，民國時候的建築，有一點小小的特色，路上散落著各種各樣的小酒吧，你可以去品鑒一下。倒不是真的為了喝酒，更重要的是去感受下別樣的氛圍，無聊的時候，聽聽隔壁操著武漢普通話的妹子們帥哥們怎麼嘮嗑的，也挺有意思的。

去西安的街頭走一走，這個有歷史文化底蘊的城市，每一塊磚瓦都在訴說故事，空氣中都是肉夾饃餡料的那種肉香，回民街上熱鬧得像拍穿越電視劇一樣，每一塊紅的綠的看板下，管它商不商業，市井生活應該有如此的模樣，喧鬧的嘈雜的吆喝聲齊飛。路上調皮的小哥，時不時調戲你一下：「美女，來一碗羊肉泡饃嗎？」被嚇著了，也得去嘗嘗，把一塊餅，掰成小塊塊，等待店員的檢查，是不是可以放羊肉湯了。多半外地人掰得不合格。店員會嫌棄說，你這個太大了，繼續掰！你看著隔壁桌恍然大悟，吃一碗羊肉泡饃，功夫是在手上，得把饃撕扯得稀碎，才能被羊肉湯泡開。

你要去鼓樓轉轉，感受下六、七百年前它的故事。你要現場聽聽民謠，想想這座城市為什麼湧現出了那麼多優秀的民謠歌手，你們愛的許巍、鄭鈞、張楚、黑撒樂隊，都是這座城市孕育出來的！你要去吃油潑辣子、臊子麵、褲帶麵，去了解「陝西八大怪」，去聽聽八百里秦腔一聲吼，甚至去感受一下氣勢磅礴的安塞腰鼓……

西安美食三大件：涼皮兒，肉夾饃，冰峰。冰峰牌汽水很多年了，西安小孩都是喝著這個長大的，這麼多年，那味兒都沒有變過。擱在北京，冰峰就是北冰洋，幾乎所有的餐館都有這個飲料。

我總是喜歡找找每個城市不同的、奇特的飲料。比如，四川就有別的地方沒有的天府可樂，是有中藥成分在裡面的，雖然口感跟可口可樂有很大區別，但是還是好喝的。

去北京要跟計程車司機聊天，長知識極了！一路下來，我就知道北方麻醬和南方麻醬的不一樣，北方麻醬的製作工藝是什麼樣的，裡面得配上哪些個原料會更好吃，怎麼調配，中間的細枝末節師傅都會給你掰扯清楚了，到了目的地，因為師傅跟你嘮嗑，多付了怎麼調配麻醬的學費，師傅一口北京話：「謝謝您咧，您慢走哈！」倍兒地道，親切！要去吃南門涮肉吧，那是必須的！逮著幹完活兒的空都得去嘗嘗。什麼叫不虛此行，你就得得空了去安撫一下你躁動的胃。

從零下十攝氏度的帝都晃蕩到零上十攝氏度的深圳。我對深圳一直很有好感，除了一直沒弄明白寶安機場頭頂上那麼多坑是什麼意思，跟不要錢似的打了那麼多眼兒，還被密集恐懼症患者極度不待見。這個城市有很多人是從湖南湖北來的，你聽著一口口「塑膠」普通話，也覺得親切，彷彿置身于湖南衛視的真人秀節目。要吃粵菜就去茶餐廳，點一盤牛河，吃一口，正宗到你感動的淚水都要掉下來了，就是那麼好吃。簡單的一碗「出前一丁」的泡麵，加幾根蓧麥菜，幾片大大的午餐肉，兩根結結實實的肉腸，你就明白了為什麼要深夜煮麵吃啊，看著就很治癒很滿足啊！

要是想吃湖南湖北菜，滿大街都是。隨便找一個路邊攤坐下來，那一碗性價比極高的粉，都讓你覺得湯底怎麼都那麼好喝。在正襟危坐的餐廳吃多了，格外迷戀這種小街小巷的煙火氣，那麼鮮活，讓你覺得格外踏實與心安。接地氣大概就是這個感覺，你能講究，也肯將就，還能體驗不同食物的美。路兩邊都是榕樹，那麼多細細的樹枝垂下來，我想起來有一篇文章叫《小鳥的天堂》①。

你對這個世界的熱愛和眷戀，是你對這個世界的一切還抱有好奇和探索之心。人的遷徙帶來食物的遷徙，即使是同一種食物，遷徙到了不同的地方，與當地的水和原料重新搭配，就會產生不一樣的吃法。要去試，要去體會，要去觀察，每一場出差都可以是一場詩意的流浪。

和世界談個戀愛吧，萬物皆美。
讓自己的心靈來一場流浪吧，你會比你想得更有詩意。
和腳下的城市來一陣曖昧吧，會拉扯出或長或短的美好回憶。
人間一趟，看看太陽！

編註 1 現代作家巴金的散文作品，講述與朋友去廣東賞鳥的故事。文中描繪很多自然盛景，包括枝葉繁茂的榕樹林。

當我們在做選擇的時候，我們在做什麼

當一個人做選擇之前，

那萬般的踟躕與焦灼，

那種翻來覆去的拉扯只有自己知道。

有時候，當你把做好的決定告訴他人，他人往往會覺得突然，其實沒有什麼突然，當我們在做一個決策前，通常已經打了無數次腹稿。

自然，也很少有人悟到，當我們做好選擇時，我們所要面對的自己，是離開了貌似熟悉的圈子、套路、人事物，是擁有一種莫名患得患失的心境的自己。

而這種患得患失，在答案出來之前，往往需要維持很長的時間。那種揭曉答案的過程，對於有些人來說是極度漫長和煎熬的。總會有一個節點，你突然有了信心說，對，沒錯，當年我那樣做是對的。做完選擇後自己也沒有怎麼，但是，那一刻內心充盈且滿足。當然，必然也有可能，自己過得比那個離開的過往，更加沮喪。

還記得老套的比喻：生活是一盒巧克力，你永遠不知道下一顆是什麼味道。老人家會說：「你確定想明白了嗎？那條路很艱難哦！如果你沒有想明白，我勸你還是再想想。」

老人家從他們的過往出發，來勸誡年輕人，是一種關愛。可是年輕人如果全聽長輩的話，那還像是個地道的年輕人嗎？這個世界是怎麼發展的呢？就是因為我們不相信老一輩的東西，我們總想發明我們的規則，我們想做新時代的規則制定者，我們不認同老人家的那套「道理」就一定是對的。

那些喪到不能自已的年輕人，到底是什麼讓他們這麼喪？我自認為是一個相當「虎」的年輕人，不太喜歡聽規則，不太喜歡聽「你應該」的句式。活了這麼大，靠的就是任性、嘴賤、膽大、脾氣差。近幾年，年輕人愈來愈喪，我悟到了很多東西，我自覺比以前更敬畏生命，更理解父母，更感恩他們帶給我的好的品質。

我這麼大大咧咧的性格，有一天突然明白，我這麼任性，就是因為我和父母之間有奇妙的默契，大家都有自己的事情，因為這樣我才有足夠的底氣去任性，去選擇自己內心願意選擇的東西。我還得慶幸小時候教我畫畫的老師，那個有大大窗戶、冬天總是有很大的太陽照耀進來的、總是有鄧麗君背景音樂的畫室，和那個穿著大頭皮鞋、留著有範兒的長髮的美術老師，是因為有那樣的影響，我才會有這麼自由的靈魂。

最近我習得幾個詞語：脆弱，崩潰，踟躕，煎熬，誘惑，無力。不愛示弱的我，現在覺得能明白和感受這幾個詞語，是我生命中很重要的部分。我不覺得它們是貶義詞，或者我們只有明白了這些，才會知道幸福和快樂這樣的詞彙，體會起來才會足夠暢快。

昨天有人問我，你覺得你是什麼樣的人呢？我想了想，我應該是能冷靜思考，思考到窮盡我思維裡的可能，然後凶猛地去行動，目標導向的人。回答完，我想起我同事說過的一句話，他說：「創業就是超凶的，嗷嗚！」我覺得人生也是一樣，這裡的超凶，就應該是昂揚地向前，**Move on**！

我做大的決定都是隨心。實際上，每一個選擇都會有得有失，我們都會經歷選擇前的猶豫不決和選擇後的患得患失，這不是病，這是人之常情，我不愛後悔，主要是覺得後悔沒有什麼意義。而換取那個能鑒定到底後不後悔的答案，時間太長，所以當我們做了選擇的時候，首先要調整自己患得患失的心態，然後去 all in 這個新的選擇，讓它朝著你想的答案進行。

當我們在做選擇的時候，我們在做什麼？我們告別了那個膽小的自己，去迎接和嘗試新的事物，我們跨過了誘惑，我們拒絕等待，我們在向著所期許的未來的自己，又邁進了一步。

打敗曾經的自己或許比打敗別人需要更多的勇氣。

讓我們細聊下何為「資源」

江湖之大，
真誠與靠譜是通往一切的法則。

很多人讓我幫忙轉發他們在朋友圈發的活動資訊，我未必都樂意，也未必會答應，但凡能傳遞正能量的，看起來還不錯的東西，我也不會吝嗇我的「Gold Finger」。

我也沒有細數過，我到底幫身邊多少人找到了工作，而且這些工作在外人看起來多半都不差。

我更沒有盤點過我到底幫人對接了多少資源，落地情況幾何，有沒有很好地幫忙到位，單從我拉群數量看，也不在少數。

突然有人跟我說：「你看啊，這就是資源啊，我還挺佩服你能對接那麼多事情，能記得那麼多人，能讓絕大部分人都喜歡你。參加一個活動，滿場看起來都是你的朋友。」

有一天，一堆人聚眾抽菸，我在旁邊閒聊，有人猛吸兩口問我，「你覺得什麼叫『資源』？」

據我這文科生的經驗，題幹愈短愈難回答。因為這意味著問題太過寬泛，沒有限定條件，不知道從何說起。

「資源」這件事，始於偶然也始於必然。比如，我經常參加活動，就會有很多機會認識新的朋友。我看很多年輕人因為想快速擁有所謂的「資源 Pool」，加了群之後就把所有的人都加了一遍。這種心態和做法堪稱經典保險、微商打法，寧可錯殺千人不可錯過一個，簡稱：人海戰術。

我經常參加大活動，一般在活動整場我加微信的人不會超過十個，我加人從來都是基於觀察。我對自己有清醒的認知，如若雙方是不平等的關係，多半不是他傷就是你傷。基於偶然下的必然原理，這個人莫名其妙在這個物理空間遞送到你面前，你依據直覺和經驗判斷，你們會不會產生聯繫，有沒有辦法共事。這也是一種你操作下的必然的偶然。以前參加大活動，老闆會提要求說：「誰誰誰的微信，你必須要到，回頭資本對接、專案聯繫應該會用到。」

這句話的資訊點有幾個呢？第一，關係要提前建立，不要等用的時候再去匆忙建立，那多半是沒有效用的。用人朝前，不用人朝後的做法是萬萬不可取的。第二個是說，我就是要在這個偶然的場景下創造必然的結果，你必須要加到某個人的微信，或者是項目或者是資本。那麼，你就要想著在什麼情境下，你能不卑不亢地把這個微信給加了，還得保證對方能記住你，未來有業務往來的時候，對方不會一臉懵懂，也不會覺得你是個騙子。

我也偶然會發現，我活動上加過的某個嘉賓刪了我，刪除我的原因可能是多樣的，比如覺得我不配或者看起來就特別像騙子。當下你也不要先想著譴責別人為什麼刪了你，而是要想想你當時的表達是否足夠清晰，你的狀態是否不夠自信，甚至略顯猥瑣？或者言語太過有攻擊性讓對方產生壓迫感？

那麼，那麼多人在你的朋友圈，你是否就真的擁有了「資源」？答案當然是否定的，只有你們的關係是流動的、產生交集才可以稱得上「資源」，否則你們彼此就是一個頭像。連「點讚之交」都不是，你點了「讚」就算是和對方「交」上了。甚至在我看來，資源的匹配足夠對等或者能互換才可以稱之為「資源」，否則就是你老想指別人油水，讓別人幫你的忙，這顯然是不妥的。無親無故的情況下，幫了是情分，不幫也沒什麼可以指責的。

你朋友圈裡都是你朋友嗎？當然不是，朋友圈就是跟你產生過交集的人都在裡面，只是這個交集分大小親疏。

我常常幫人找工作，兼職全職都有，我把資訊發在朋友圈，常常很多人來問，我有時候也會建微信群，向來群裡都是關係好的朋友，純幫忙，涉及不到什麼金錢交易，如果結果好，多半被幫助的朋友會事後來感謝一下對方，請吃飯或者送個禮物聊表心意，這樣良性的互動自然大家順心、自然。建立關係講求先行投入，才能你好我好大家好。讓渡價值、時間、金錢都是應該的，所以太過於計較的人，往往也做不好「資源」的事兒。

如果結果不好，找工作的人自然也不好意思責備我，畢竟我無償幫忙，也無需對結果承擔什麼責任。如果，我對接之人，有些許奇葩，對話不在一個語境內，對方有時候會來「吐槽」，更多的時候我理解為這是一種提醒：是否你對接的這個朋友不那麼可靠，你以後行事得注意些，以免無端生是非。

「資源」這件事，你得有操盤意識，朋友不是鍋碗瓢盆，把他們沒事放在物理空間他們自己就會自得其樂，其樂融融的。彼此之間愈諂媚關係冷得愈快，第一次合作的基礎邏輯是，先滿足第一個要求，再去加碼。

英文有一個詞叫 Resource，按照偉大的教育集團「新東方」①傳授給我的詞根背單詞的方法來分析它，「re-」表示「一再，重新」。它意思就是資源必須得迴圈可利用，不能是一槌子買賣。當你們在某個偶然或必然的情況下知道了彼此，那是一個口子，我們姑且認為那是通向光明機會的口子。

但是，很多人在有可能一起行進的途中，幹了些「說好一起到白頭，你卻偷偷焗了油的」的勾當，你發現信任這個東西很難修復，因為某一方的不靠譜行為導致了彼此信任的缺失，本來長久的「資源」就成了一槌子買賣。

所有的事情都一樣，當我們有機會去觸摸它們，我們要學會珍惜，一次次你做事靠譜的 Impress 加深對方對你的印象，你用心維護才會變成你的「資源」。而不是說兩句好話，送兩個小禮物就能讓對方認同你，也不表示雙方就可以愉快地勾兌「資源」了。

江湖之大，真誠與靠譜是通往一切的法則。前者說的是本心，後者說的是責任。

編註 1 中國目前規模最大的英語培訓公司。

朋友圈是大型偷窺現場

我們從未真正擁有過一個城市，
朋友圈或許是你精神世界的小小城池。

微信有段時間更新了兩個版本，一個版本是把打開介面的地球和人換成了一堆嬌豔的小花，另外一個版本是把小視頻的功能突出了。

微信朋友圈流傳著一張圖，是關於微信的更新說明：新增朋友圈來訪功能，告訴你「他來過」。新增朋友圈停留時長功能，告訴你「他來了多久」，後來證實是假的。

我把這張圖轉發到我的朋友圈，朋友們一片哀號：沒意思沒意思。

這個沒意思是哪裡沒有意思呢？

再也不能明目張膽地鬼鬼祟祟了，多感傷！

朋友圈是一個巨大的秀場，你的朋友、親人、同事們悉數在這個廣場上面，演繹著各自的生活，宛如一幅現代版《清明上河圖》。讀懂一個人的朋友圈，通常能把你積累了十八年的閱讀理解能力發揮到極致，你看著每幅圖，每段文字，可能都有它的言下之意。

如果增加了「誰來了」功能，首先遭殃的就是那些個暗戀黨們。他們每天就靠著窺視對方的朋友圈續命呢，你說公開就給公開了，他們不要面子的啊！那以後的日子還有什麼樂趣？暗戀黨們，每當生活了無生趣，工作毫無盡頭的時候，看一眼暗戀對象的朋友圈，那彷彿是霧霾天吸了一口來自東南亞的新鮮空氣，周身都散著舒爽。

看著自己的小甜甜，小指勾勾，帶著愛意地點了個小小的讚，希望能在螢幕的那頭能收穫微微的注意。雖然，大部分時候「然並卵」。增加了這個功能，對於「母胎 Solo」①二十多年的你來說，那真的再也不會愛了。

工作數年，自從有了微信朋友圈的那一刻，我就習得一身本領，叫「朋友圈三分鐘讀人大法」。剛加了一人微信，第一時間打開了對方的朋友圈，瀑布流的介面刷幾個頁面，迅速地捕捉到一些資訊，對方是什麼牛鬼蛇神便能在這三分鐘內一定程度上見分曉。

我一看全是轉發的連結，連個點評都沒有的，基本上是人云亦云，沒有什麼獨立人格的人；要是天天轉發什麼成功學的，一定要敬而遠之，使不得使不得，這位兄台，我這麼不成功還不夠格和你做朋友。這些人一般都很浮躁，天天想著一夜成名，你哪些地方可圈可點，這種好事就必須得砸你頭上了。

還有一種天天讓你幫著砍價，天天發砍價連結，讓你給點讚打折領優惠券的也挺嚇人的。萬年不聯繫，一上來就跟我說：「親，在嗎？」我如果忙的時候沒看到倒也還好，看到了我是回還是不回，好容易鼓起勇氣回了一下，「親，幫我朋友圈點個讚唄，幫我女兒投個票唄！」我天，心裡想著不如不回呢！要是都是轉發孩子的，沒有其他的，基本上這類父母，生活應該也是蠻單調無趣的，沒有自我。這種父母對孩子的依賴，超過孩子對他的依賴，等有一天孩子有了自己生活和社交圈，做父母的失落感會很強。不管是孩子還是父母，誰也不是誰的附屬品，誰都首先是個獨立的人。

還有一種從來不發朋友圈的，這種人吧，要不就是生活得太自得其樂了，有趣到即使獨自在家裡的衛生間，都能給自個兒開一演唱會，要不就是賺到想賺的錢，睡到想睡的人了，大贏家啊，自己在家玩就夠了！要不然吧，就是最鬼鬼祟祟的那種人。要是你暗戀一個人，但對方從來不發朋友圈，多慘，你撩人都不知道從哪撩起。多少發一點朋友圈，還能來一波強行的尬聊，沒互動談什麼戀愛，就算是彈棉花也得有個工具呢！第三種不發朋友圈的人，在朋友圈噤若寒蟬，卻在微博蹦著最野的Disco。在朋友圈，三天只發一條，微笑著面對世界：我是一個充滿正能量的人兒，今天又是元氣滿滿的一天哪！在微博，一個小時發三條，吶喊著：「活著就費勁了我全身的力氣，好想去死一死啊！」還有一種不發朋友圈的人，可能就是：老了！

還有一部分人，在朋友圈發什麼都得顯得雲淡風輕，其實是醉翁之意不在酒，在乎Logo之間也。有心情的時候，回一個「壕」字，讓他老人家開心一下，畢竟對方可能擺拍了五十多張，精挑細選了這張發出來，就是為了炫富炫得低調奢華。君子最大的愛好是什麼？成人之美。你捧一下，照著古話說的準沒錯。

還有天天在朋友圈露腰線、乳溝的女同學，裸露上半身帶著些許下半身的男同學和朋友圈一直是同一姿勢自拍照的同學，如果把這些照片列印成冊，放在專門的平台上，說不定還能賺錢呢！每晚混跡酒吧，啤酒泡枸杞，走養生龐克路線的我也很佩服這些人啊，這些人精氣神這麼好呢？明兒不工作嗎？家裡有礦是怎麼地？

還有一些「我很美也很有才華」系列，一般這類朋友女性比較多。她們附一些雲淡風輕「我是美女」的照片，配一些令人不知所云的文字。歲月靜好裡透著一股「高富帥在哪裡，你趕緊來發現我」的欲望。她們引用的文字沒啥毛病，自拍照片單獨看也好像湊合，但把照片拼一起，總一種矯情他媽給矯情開門，矯情到家了的勁兒。

還有那種萬年順手點讚狂魔，如果我遇到的話，就隱藏或者刪了，每天點讚是要打卡還是怎麼著啊？還有只給老闆和各路有錢人點讚的小朋友，嗯，現在拍馬屁都改成靜音比心模式了。人性從未變過，這就是科技的力量啊！

如果一個女生之前還偶爾發一發朋友圈，突然消失了好一陣，很有可能就是懷孕生娃了，原來有發朋友圈的時間現在都在奶娃。

如果，一個女生每天在朋友圈秀恩愛，也不一定是為了虐單身狗，很可能她就是缺愛或者極度缺乏安全感。

我們能在朋友圈靜默地觀察一些好朋友的生活狀態或者工作狀態，對方或春風得意或不那麼順遂。發現朋友生活不順，高自尊者，我插科打諢，約出來喝茶吃飯，順便探討一些解決思路。低自尊者，我會希望對方能以更開放的姿態，願意和我溝通他遇到的問題。時間是個觀察者，每個人的故事都鐫刻在屬於自己的時間線上，那就是他的人生。

我的朋友圈估計也挺不受人待見的，我一個五環外寫作者，三環邊投資人。自己寫一公號，純粹為了自娛自樂，沒事就一天發個兩、三篇，跟吃飯一樣，別人估計看著也挺煩的。還老發自己參加活動的照片。看著我的人，有些肯定覺得：「這嘛呢，誰都沒你忙，看起來事兒事兒的。」

那些真正在朋友圈分享生活的朋友，不管是遊歷山河湖海，還是跨過人山人海。那是你在生活，鮮活生動。你發現了新的觀點，經典的圖書，有趣的角落，幽默的人兒，那都是你生活的情趣，你參加了活動，有了新的發現，人就是在這一點一點地累積之下，心態變得愈來愈開放包容。你總能從平凡的日子裡，攫取到寶藏，這就是你生活的能力。你甚至還能激勵一些人，你也會適時地露出你被生活弄得疲憊不堪的樣子。或許一些也同樣在低谷的人看到這樣的你，會覺得他不是一個人在戰鬥。

那些在我生命中出現過的、給予我幫助的人，他們閃閃發光的靈魂，我都沒有忘記。因為時間空間，各自的生活，忙碌的事情，見面也或許不知道從哪一行說起。故事太多，生活太瑣碎，如果你的朋友圈有好好地在更新，我會悄悄地去看一看，你最近還好嗎？那是我對過往悄悄地問候，你或許不知道，而我想記得。你依然存在我內心尚未崩壞的地方。

偷窺，是好奇心使然，是壞詞嗎？那得看做這件事的人帶著什麼樣的心。我們從未真正擁抱過一座城市，朋友圈或許是你精神世界的小小城池。

編註 1 從出生就一直單身。

所有管理者大概都如老母親一般

見了這麼多公司創始人，
創始人的帶教能力是非常關鍵的。

我剛工作的時候，覺得怎麼領導都如老母親一般能絮叨，每週例會一遍遍講著那幾個管理性問題，每週要拿出案例逐一分析，每週都要給我們講解一些新的知識點，每週都分享新的書目。我那個時候想，老大該不會是個傻帽兒吧？每週都在說的那幾個管理性問題，是我們沒有掌握還是領導能力欠缺發現不了新的問題？

現在想想，那是一個領導者的自覺，他要把他腦子裡的關注的東西，通過反覆地講解，滲透到員工的腦子裡。改變一個人的思維方式是最難的事情。可是，如果要一個員工達到公司業務的要求，是需要這樣被反覆鞭策的。

後來，我成了一個不愛管員工的領導，跟我幹活要有足夠的自我驅動力和自覺。管人是一個非常繁瑣的事情，因為不是所有的員工都有就事論事的思維，不是在否定你這個人好不好，而是我們極力地想推動公司的業務往更好的方向前進。

當我轉換角色去做一個管理者的時候，我也在不斷反思，靠員工的自覺是不是一個好的方法。絕大部分的員工不適合「散養」，你必須要有老母親般的嘮叨以及跟在後面要結果才能更快地完成工作。人是天生有惰性的，想坐享其成的，習慣找藉口的。你要有足夠的如老母親般的覺悟，去帶教你認可的員工。允許他們犯錯，並且還要擺事實講道理。

我以前的組織行為學老師說，一個人能不能做管理者，帶著團隊向著既定的目標前進，是需要一種叫 Chrisma 的氣質。我以前覺得這是一個非常玄學的事情，特別形而上。現在見了那麼多企業創業者，覺得這還真不是虛的，這個詞翻譯成中文叫人格魅力或者說領袖魅力，有人給了更精準的解釋叫：眾生緣。

我為什麼說創始人的帶教能力是非常關鍵的。創業企業的模式多數較新，市面上沒有現成的範本給團隊參照，更多要靠團隊的摸索以及試錯，這中間必然有碰壁的過程。碰壁並不可怕，可怕的是撞了那麼多次南牆後，除了鼻青臉腫卻沒有長記性。

和我共事過的人知道，我會把「複盤」放在嘴邊。也在很多的公共場合說過，我爸爸一輩子跟我說了那麼多廢話，但就經常讓我複盤這件事，至今看來是對我最有益處的。

說起來我年歲不大，每天要見那麼多創業者以及相關的團隊，回想起來，自己也宛如一個老母親，每天對同事念叨：「做事要有架構感，要先行投入，做事要有閉環，要結果導向，跟客戶說話要有話術，拒絕人講求方法。」那麼多年的培訓師的工作經驗以及從小當班幹部的經歷，讓很多人對我留下「特別能說」的印象。我有時候反思，每天跟創業者、投資人、相關機構合作對象說了那麼多話，到底有幾句有用的？說話真的是一件非常耗元氣的事情，加上愈來愈多的新員工總是喜歡抒發自己不成熟的小建議，作為管理者，更要拿出一些乾貨去與他們探討：我們的出發點到底是什麼。

愈來愈多的新員工表現出他們的職業野心，他們想站得更高看得更遠，能成更大的事情。當然年輕人沒有什麼不可以，我可以有一切想像，一切的夢想，可是成功從來沒有捷徑。沒有什麼事是我想就會變成現實的。太多的年輕人的實力配不上野心，只想不做，結果就是他們逐漸沉淪成一個一無是處的中年人，泯然眾人矣。

「油膩的中年」是怎麼來的，就是經常吹牛，「想當年我如何如何」，反正他人無從考證，還有「我為什麼現在如此，就是因為錯過了××的機會」。人類有兩件事很難，第一個是承認別人比自己優秀，第二個是承認自己是個Loser。誰都知道機會是給有準備的人的，不是同等條件下兩個人做著同樣的事情，就都能成功。「老母親」叮囑這種人一句：「如果想走得更遠，真的要養成良好的工作習慣。」

地球上有的是好看的皮囊，甚至有人長得很相似，最後他們的命運不一樣，為什麼？是他們對待每件事的看法不同，有不同的看法後，產生不同的決策，然後變成不同的行為。那句話這樣說：心智模式（Mental）決定行為（Behavior），行為決定業績表現（Performance）。

大多數人到中年的領導人會被人詬病，我以前也詬病過別人。當時我心裡默默較勁兒說，絕對不要淪為被人詬病的中年女領導啊！我還希望自己不會變成女魔頭。但是，事情還是要做好，混是不行的。

現在的我不管被人說成什麼，都不能放鬆對工作的要求。就這樣！

聽說，有個詞語叫「強勢」

一百種人可能有一百種的樣子，
理解自然不能斷章取義，也不祈求人人理解。

鍋小蓋是我以前的同事，山東人，一副甜姐兒的樣子。經常發來甜滋滋的微信說：「小野，我想你了。」我通常會和她嘮五塊錢嗑。她就跟向組織彙報生活一樣，跟我說說她最近的想法。落筆點總是：「小野，你就是太強勢了。」

什麼？強勢？這個詞到底是個什麼意思？我好想弄明白啊！

或許，有的人享受我這種「總攻」呢？

我就去百度了一下這個詞，百度一遭，著實覺得這不是一個好詞兒，我就開始陷入了批評與自我批評，思考到底這是不是個好詞兒。作家朋友倒是門兒清，發來一段話，讓我懷疑人生好久。作家說：「強勢的人，必定有別人看不到的傷痕，因為會疼，所以強勢。」

我尋根溯源，把小時候受到過的挫折啊，不公平待遇啊，例如數學考試不及格啊，被老師罰站啊，被同學孤立啊，都回想了一遍，主要是回想哪裡讓我疼了，搞得鍋小蓋說我這麼強勢。我腦子裡又浮現了格力董明珠，華為任正非等，他們都挺強勢的，一言不合就說一些普通群眾不能理解的話，駭人聽聞的水準都不需要公眾號小編潤色標題，閱讀量就輕鬆過十萬。

有一年元旦跨年去楠溪江東海音樂節，一行幾位好友，每次到吃飯這事上就意見分散，A想吃這個，B永遠想吃麵，C覺得當地特色很好吃，D永遠想喝酒，E永遠都隨便。過多選擇造成大家的猶豫，時間就被浪費了，我總習慣充當那個強勢的決策者，可能因為我是獅子座，哈哈哈！盡快決定不僅節約了時間，也會讓大多數人滿意。

說起來，一件事情總有兩面。強勢不一定就意味著傷害，就像柔軟也不一定總是意味著美好。這句話放在兩性關係裡面我覺得很合適。四川人講「粑耳朵」是怕老婆，大部分怕老婆或者尊重老婆的男人，大概是兼聽則明吧，還都混得挺好的。腳踏兩條船怕對於很多人來說也不是美好。

我小時候當班幹部當習慣了，說起來總覺得是「職業傷害」，總是當孩子王，這也會造成我在後來的職業生涯中潛意識裡面總覺得事情的發展是遵循一定規則的。當然我也不是什麼都會管，大部分時候我還是很粗線條的。所謂心大，就是別人不說的事情，我也不會問，大部分人不跟你提及某些事情，是因為你不足夠被信任或者對方還沒有走出來。

我總覺得強勢這個詞語，是要有一定的情境的。就像是無領導小組的面試，在一群人的操作中，總會自發地形成某些角色擔當，並沒有人去指派你該去怎麼樣。有個說法叫「溫柔有力量」，這是我最近兩、三年才參悟到的東西。我也會一直暗示自己說，要溫柔一些，當自己要飆狠話的時候，換個方式去表達，別人會更容易接受。但是，性子裡很多調皮的東西，總是忍不住要去活躍下氣氛，這可能是我的幽默感。

每個人形成一種性格，總是有多種原因，強勢或者溫柔，一個人總有很多的立面，而在短暫的時間裡面，我們可能自己都無法讀懂自己，更何況是短暫相識的別人，我們用盡一生去自我救贖，去認知自己到底是怎麼樣的人，想成為什麼樣的人。

世界需要溫柔的人，也需要強勢的人，每個人都是流動的狀態。山本耀司說過「自己」這個東西是看不見的，撞上一些別的什麼，反彈回來，才會了解「自己」。所以，跟很強的東西、可怕的東西、水準很高的東西相碰撞，然後才知道「自己」是什麼，這才是自我。你們的「自我」是一個什麼樣？

一百種人可能有一百種強勢的樣子，理解自然不能斷章取義，也不祈求人人理解。

作家木心說：「生活的最好狀態是冷冷清清的風風火火。」竊以為，冷清是因為參透生活，風火是依然抱有對生活的熱情。

確認過眼神，你就是那隻「杠精」

大多數時候，
生活的真相根本經不起推敲，細看全是窟窿。

這個話題的啟發，源於一次辦公室內的討論。兩名上海女同事把一名直男同事「杠」得有點崩潰，我解圍說：「散了散了，都下班了。」其中一名小仙女還是不依不饒地追著已經在收拾東西的男同事，擺出了「放學後別走，我們大戰三百回合，你快來認同我的觀點」的架勢。

我們辦公室因為要經常討論項目，所以討論過程會很「杠」，是很正常的事情，因為項目要討論得透徹，窮盡可能。大家不歡而散之後，我在思考的問題是：溝通可不可以更順暢？「杠」是不是溝通的要義？他們貌似在探討一個項目，可是溝通氛圍確實不那麼舒適，以至於男同事下不了台，吼起來了。關鍵項目討論的結果就是——IP不就是個P嗎！沒有任何所以然。

這個問題我思考了兩天，我怕我認知太局限。就在朋友圈發起一個話題——大家怎麼看待「杠精」？杠精本精，喜歡被杠精虐的，不喜歡被杠精虐的都出來聊一聊。

有幾個很有意思的觀點，拿出來品鑒一下。

熱心市民王女士說：「杠精在杠的時候，只有想贏這一件事，別的都不重要。」

健忘村的小聾瞎說：「受不了被杠精虐，只要是張嘴，哪怕是打個哈欠他們都想讓我關麥！」

某個娛樂圈的人說：「呵呵，這個話我就不愛聽了。什麼叫杠精？表達不同意見就不行了嗎？哼，小野醬你膨脹了，已經取關，再見！」

王×悅說：「我常是被虐的，因為腦子慢，一般不接杠，有時候接杠是為了訓練思維邏輯，到了沒有邏輯可講的時候就撤了。然後，私下裡還會複盤一下，下次再遇到類似情況可以怎麼一杠打翻對方。就事論事，不出現對人的攻擊，就不影響情緒。」

晶晶姑娘說：「頓時覺得哪裡來的這麼多有人生沒人養的傢伙。」

我發起話題的當下，我也在反思我是什麼樣的。想想自己也蠻喜歡抬杠的。可是，抬杠究竟是不是溝通的要義？是不是一定要站在某種認知和價值觀的高地，去讓別人一定要認可自己的觀點？

如果不被認可，這個嘴炮仗便不算是贏。可是，即使贏了又能怎麼樣？內心暗爽，哇，我怎麼這麼優秀，又讓世界上多了一個認同者？是某種優秀感的即時兌現嗎？還是什麼？

以前我做培訓師的時候，我大概就幹一件事：你別說，你聽我說，我說的都是基本正確的。後來，出書後去做一些分享，我常常心懷感恩地說：「感謝你們突破了物理空間的限制，來聽我叨叨，感謝你們沒有曲解我說的意思，感謝你們包容我當下認知的局限，去聆聽我的過往的點滴。」

我常常覺得大家在溝通事情的時候，是不能夠包容每個人都有認知局限性這件事的。因為，每個人的關注點一定不一樣。你看過這本書，我沒看過；你喜歡一個我沒有聽過的歌手；你是學 IT 出身的，你的思維是 if not，我是學藝術出身的，我就是色彩線條感性認知，喜歡杠的人，或者喜歡占領認知高地的人，常常會說：「哎呀，你連這個都沒有聽過啊？你連這個地方都沒有去過啊？」

幾年前看過一本書叫《非暴力溝通》，暴力溝通就是來源於人們的道德評判，就是人們按照自己的道德標準主觀要求他人。當你把要求變成語言時，就是暴力溝通。比如，你們常見的，父母拿到自己孩子的成績單，脫口而出「你怎麼考這麼差，你看看隔壁的×××，你怎麼就不能像他一樣啦！」比如，杠精們常說的，難道只有我一個人覺得××××不行嗎？書中說我們要做到非暴力溝通，摒棄偏見、傲慢和想羞辱對方的衝動，發自內心的以平等的心去溝通，要在溝通中，表達事實，體會和表達感受，體會需求，提出要求。

作者反覆提到了要體會和表達感受，要體會再去表達，可見在溝通中共情性是非常重要的，在很多時候溝通首先是要做到悅人悅己，更高級別的溝通可能是渡人渡己。

另一層更重要的是，如何把我腦子裡的認知過的事情，灌輸到你腦子裡去？這是最難的！是靠我提出的論點比你多，還是我氣勢上更咄咄逼人？更甚是我用刺激性的語言去讓你銘記？我想一定都不是，為什麼「洗腦」很難，把我腦子裡的意識形態通過反覆嘮叨達到改變他人的認知並不容易。如果這樣就能行的話，管理就不是一門科學了，只要反覆叨擾你，你就能按照我說的做了，這就可以了。這個人說的話，我為什麼願意聽？絕大多數是情感上的認可，我才會去聽他的話。

我常常覺得說話很傷元氣，每次培訓前我都像一隻吹鼓了的氣球，培訓完氣兒都沒了，所以我常常很佩服，杠精們隨時 Stand by 在任何一個路口，彷彿一直在單曲迴圈《下個，路口，見》！

後來跟袁岳學投資，經常能看到很多比我厲害很多的人。我作為一個晚輩，經常觀察他們的談吐言行，我常常跟袁岳老大在一起工作，不太有正行，很皮，覺得自己抖機靈，說幾個俏皮話挺得瑟的。後來，有一次見到袁岳老大跟一個很 Tough 的人聊項目，那個人年歲大一些，有一些傳統的管理制度說辭。高手永遠都是在尖峰時刻見真章。那次的談話，是我隨老大工作以來，記憶最深刻的，每次拿出來複盤還是很受益。那次我就明顯感知到，學會閉嘴有時候比咄咄逼人更有力量！

我講了很多《非暴力溝通》的閱讀體會，例如要感知需求。我想作者在傳達一個溝通的舒適度的問題，溝通不總在追求舒適度，比如有時候談判，我們不能讓步的時候，溝通雙方的舒適度不見得是在一個值。那麼這就有一個問題，溝通舒適度的追求，在什麼時候需要高值，在什麼時候覺得弱值也是可以理解的？

通常來說，溝通舒適的愉悅度高低，跟對方是不是金主爸爸有沒有利益關聯，有沒有有求於對方，這個效果特別明顯，沒人教你，你也會溫順得像你家的貓。所以，如果一句話把大家都愉悅了還能把事兒辦成是不是人世間相當愉悅的事情了？沒事兒，也別非要杠著，把事情結了最重要。用李誕的話說：「夥伴們，人間不值得！」

當然，也有很多情況，杠發揮著不可磨滅的作用，杠著杠著我們就離真理愈來愈近了，杠著杠著有的時候跟有些人感情就愈來愈深了，杠著杠著，杠精發現了自己還有不討喜的時候，下回怎麼能又討喜又杠。

大多數時候，生活的真相根本經不起推敲，細看全是窟窿。所以，杠精從某種意義上來說，就是一把加特林機槍，掃得生活的窟窿都赤裸裸地暴露在面前。

杠不可怕，怕就怕，杠精是語言上的巨人，行動上的矮子。說起來都懂，做起來就慫，這個我可沒法給您寫個大寫的服！

能說得舒適，絕不說得膈應。

比「中年油膩」更糟的是「中年浮躁」

馮唐先生說，中年油膩是在自省。且不多說被多少人詬病這件事，但凡是自省，便值得鼓勵。人到中年，大部分人躺在過往的功勞簿上沾沾自喜。

馮唐先生說一個中年男人如何算是油膩。說啤酒肚，髮際線後退，盤手串兒，名人野史如數家珍，保溫杯裡泡枸杞，總是大談特談茶文化、酒文化。一時間中年男子們慌了，本來就快中年危機了，還被社會的輿論調戲，只能摸著自己的髮際線，殘喘著罵一聲：

「Too young too naive！」

我小時候就知道浮躁不是什麼好詞兒，老師說，那孩子很聰明，就是太浮躁了。多半是說這個人吧，做事沒啥恆心毅力，見異思遷，總想投機取巧，成天無所事事。年輕的小朋友浮躁是因為在應試教育下上了大學了，愣是不知道自己喜歡什麼，眼高手低，被長輩說幾句也就說幾句了，畢竟還有大把的時間去試錯。如果中年浮躁了，整天一副「我也就是沒逮著機會，懷才不遇，否則，哪輪得到他們這幫小兔崽子蹦躂。你可別說我，當年我可怎麼樣怎麼樣，左青龍右白虎，天王蓋地虎，寶塔鎮河妖」。真是你還就說不得了，畢竟歲數擺那裡，怎麼說也是個長輩。

用同理心去想，人最不願意承認自己是個廢物，對社會毫無貢獻，哪怕是街上的小混混，都想著我得當大哥啊，這樣才能顯得我有價值啊。可是，這個社會變化太快了，社會淘汰你的時候，不會跟你打聲招呼說：「你趕緊努力啊，要不然我要淘汰你了。」

我們以前罵人：「你都二十好幾了，還不知道×××。」彷彿歲數就代表學識，你到某個歲數就該知道怎麼為人處世，怎麼待人接物。但在社會高速發展的今天，明兒從床上爬起來說不定某個知識、某個過往的做法就被顛覆了。

這是一個後喻時代，年輕人快速地掌握了一定的新知識、新技能，是他們在給長輩們傳授知識和培養能力的時代。這是一種文化反哺，是後喻時代最基本的特徵。

中年浮躁的特點也十分明顯：

一、永遠覺得自己幹啥啥成，因為以前成功過某件事情。

二、彷彿全世界都是你可以隨手可用的資源。

三、自己周圍永遠都是牛得不得了的朋友。

四、永遠都踏在風口上，別人幹嘛我幹嘛，區塊鏈，炒股，創業……

五、覺得自己啥都懂，啥都熟悉，啥都認識。

六、永遠覺得別人的成功都不值得一提，都是因為他們機會好。

七、馬屁拍得永遠比活兒做得響。

八、對人對事有太多的刻板認知，在這個資訊時代不願意重構自己的認知。

九、擺出一副老資格。前輩的姿態。

十、和別人共事的時候，說不得！

當一個人學會自嘲的時候，他是自信的。說不得的中年浮躁本質是不認可自己的過去，又看不見未來。覺得不甘平庸，但是明擺著機會愈來愈渺茫，面對社會的快速變化，年紀愈來愈大，非常恐慌，對前途也沒有什麼信心。放眼望去，早年勤奮的到這把年歲該收穫了，到了這個年紀，上有老下有小，各種家庭負擔不堪重負。和別人比較，更是會覺得自己的過往一無是處，焦躁不安。

這就跟小孩平時學習，到期中要開始看考試成績了，你一看成績對自己的年歲沒法兒交代啊，就開始病急亂投醫了。比中年油膩更糟的是中年浮躁，宛如一個跳蚤，別人創業你創業，別人炒股你炒股，總覺得缺個機會讓你一夜暴富，實際上你缺失的是一以貫之的價值觀。

可怕的不是人到中年，而是人到中年依然浮躁。腦子到心臟的距離，有人走了一輩子，沒明白。大約這就是所謂虛妄的人生吧！

吾輩共勉之！

美女們的偶像包袱

美女就一定有偶像包袱嗎？
斷然不是這樣。

這裡的美女，大約不是我們一般認為的美女。

外貌的美醜可能並不是這類美女最顯著的標識，內心對自我的認知才是最關鍵的。她在外人看來可以長得不好看，但是在她的潛意識裡面，她就是范冰冰第二了。比如，我曾經認識一位女士，剛整完容，割了雙眼皮，做了鼻綜合，自此就愛上了拍照，並號稱自己是HR圈的林志玲。

我這個人在評斷事情的時候，盡量把個人情感擇出來。如果她真的像林志玲，我斷然不會拿出來做例子吐槽的。

所以，這類美女的第一個特性是自認為很美，這種美跟一般群眾認知沒有關係，自認為是美的，最為關鍵。

自認為是美的，只是其一，另外一個充分條件是，她要用她意識裡的美貌來「持靚行兇」，更直白地說，她要把自己的美貌作為獲取資源的重要手段。

一旦這種「人設」立起來，那麼「美女」們的偶像包袱就自然形成了。而這個紙枷鎖有多大，就取決於這個妹子對於自己美貌的理解程度了。

我在一個活動上認識一個中年女性，在她的認知裡面自己至少有九分姿色，最後一分不給主要是怕上天嫉妒吧，我猜。你自己以為多好看，那取決於你自己有多瞎，跟大家沒啥關係。但問題就在於，聚餐時她不管誰請客都要坐在主人桌，全場都得聽她從星座講到命理，再從命理講到女德。懂禮貌的同桌女生往往不到她停下來喘氣，萬萬不會動一下筷子，也就我等不懂禮貌還膽子特別肥的人，聽到命理的部分就肚子餓得根本管不住自己的行動。我真是一個任性的女同學，平時跟別人吃飯，我也沒有這臭毛病。

第一次跟她吃飯的，通常會被她的「專業知識」折服，哎呀，厲害了！然後紛紛伸出自己的小手，來召喚命運的神獸，求美女幫忙一閱。美女當下得意的神情，大約是說，你看，無論在哪個場子，我都是全場最野的崽兒。我倒是也不能說我嫉妒她的美貌，關鍵是每次見面的劇本都似曾相識，有時候甚至「台詞」都不改。你的思緒止不住開始穿越，彷彿見十次跟見一次面效果雷同，她把一切都變成了一個範式，像是契訶夫筆下的「裝在套子裡的人」，這個東西，我姑且認為是她的「美女的包袱」吧。

你如果說我上面舉的例子太過刻薄，我有時候也覺得，生活嘛，各人有各人的活法，我們不應該 Judge 他人，包袱怎麼了，那也是別人的包袱，跟你沒有什麼關係。Who cares？大家開心就好。但是！那些職場中的美女包袱，你要是遇到了，怕是你抓狂職場生涯的開始。因為，大部分職場中的「美女的包袱」，是成全了自己的偶像包袱，可苦了後面一群隊友、上司、部門的同胞。

作為職場萬年樹洞擔當，我真的不知道一年免費幫著周圍的夥伴們解決了多少問題。其中相當一部分是對職場「美女」的投訴。這類女性，大部分符合前面我說的兩個要素，另外還要多加一個戰鬥技能叫「甩鍋①第一名」。

團隊共同配合操作一項工作的時候，她永遠站在甩鍋的前端。領任務的時候，永遠裝

「小白兔」；撇清責任時，永遠像一個衝在前線的刀鋒戰士。這類「美女」給了自己巨大的「偶像包袱」。「我這種秀外慧中的小美人怎麼會犯錯呢？錯都不在我啊！」她用在數落隊友做錯事上的認真勁兒，要是用在工作上，你都能相信她可以再為祖國建設發射一顆衛星。

我真的見過太多自以為貌美的妹子，在職場遇到問題的時候，把「鍋」甩給可以甩的一切人，而接「鍋」的人經常是辦公室裡脾氣最好的某位男士，她能跟周圍的同事叨叨一個下午。哭訴自己種種不幸，宛如竇娥的冤氣都駕著祥雲飄到了她的面前。

如果不幸，這次的簍子捅大了，群眾都指責我了，我不能丟了我的「偶像包袱」啊。「求生欲」告訴我，作為一個美女，永遠怕別人說她是「花瓶」，這類美女必須要證明自己有實力，腦子和胸一樣好使。美女們就會使出她的絕世大武器，向可以解決問題的某位男士撒嬌，讓這位男士幫著自己收拾殘局。你知道那些萬年無人問津的男士相當吃這一套。畫面感好像是「我的心上人果然駕著七彩祥雲來救我了」。

然後事情解決了的話，美女們就會嘴很甜地對那些男士說：「你好厲害啊！我覺得我都有一點要崇拜你了！」這句話，對於大部分中國男人是很受用的，男性在這個時候都要膨脹到宇宙了。如果第一次收拾殘局成功了，美女們就會有依賴路徑了，以後這位男士就會變成特定情境下的「萬年英雄」。說起來，他們也算是「職場備胎」吧！

前段時間，女明星姚晨發表了一個演說《一個中年女演員的尬與惑》，曾經如大姚這樣一線的女藝人，如今也會遭遇職場瓶頸而痛苦掙扎，何況我們這類普通上班族呢？

美，本身沒有什麼錯，如果你把美當成唯一生產力的時候，它就是一個美麗的包袱，它也可能是毀掉你的第一生產力，美貌會在某種時候變成你最大的Bug。

美這件事，無論在哪裡都沒有錯。這個問題就在於絕大多數的美女都想告訴世界，我不僅長得美，我的內在也很美。當然有外在美也依然很努力的人，但我這裡說的是那些有美女偶像包袱的人。這類人當她擁有了自以為的外貌美的時候，那些她想要完成的內在美的進化，便也沒有多認真了，不過是裝裝樣子，告訴別人，我美我還這麼努力。

那是假象，不是真的，就像那些喜歡自拍時拿本書的人一樣。書是真的，人是真的，讀書不是真的。

有一種人，美而不自知，美得謙遜，美得努力，那是一種更美的範式。

編註1 網路用詞，指代出現問題推卸責任的做法。

老阿姨「毀」人不倦系列

「那個老女人，
肯定是更年期到了，要求這麼多！」

一個年齡長我幾歲的朋友，找我聊事兒。聊完正經項目，拿出自己的簡歷說：「如若可以，也幫忙掂量下，我這份簡歷到這個階段能給多少評分？創業三年，總琢磨著似乎做了很多事情，但是，總歸有一種慌張。人到中年還是想做點什麼的，想帶著團隊一起看看能成什麼事兒。」

我首先覺察出他十分信任我，更敬佩他的坦誠。

我寬慰他說：「人總會有瓶頸期，或早或晚。瓶頸期顯然是反思人生最好的時期，在這個階段，你更易想明白，你自己想要什麼，想成為什麼樣的人。」

他感慨地說：「當年某一次坐在你家地板上喝酒的那些人，三五年後再看境遇已經大不相同了。」

一個人能走多遠，取決於一個人能看多遠，以及一個人想走多遠。想也沒有用，還得付諸行動，忍受得了踐行理想中的荊棘苦痛，分辨得出別人丟給你的是牛糞還是鮮花。驀然回首，雲淡風輕，因為瞥見了更好的風景。

某月中旬去交大做演講，來的都是「鮮肉」，彬彬有禮，有禮有節。等待我的演講間隙，孩子們一直在看專業書，不得不說很惜時。羅馬非一天建成的，這就是優秀人的複利。而這個世界上很多的孩子，可能還沉浸在遊戲的世界裡不能自拔，而步入社會之後，他們同樣面對競爭，這個複利會放大，優秀的人會想著把每一件事都做得熨帖妥當，被人認可，而另外一些孩子，他們也同樣渴望成功，但是他們可能更多的時候不是把心思放在如何做好一件事上。他們不知道事情做得漂亮很多時候會渡你成功，而不是買了一整書櫃的成功學的書，然後發現書裡的邏輯矛盾。

總有些人，當我跟他談工作要求的時候，他在談關係。終於讓我悟出：對工作有要求的人和對工作沒有要求的人之間，真的存在古老的敵意。

交上來的同樣的表格，真的能顯出人和人的巨大差別。絕大部分人都覺得表格就是畫線的格子，可是任何的表格都能反應這件事的邏輯關係，你的做事思路以及這件事你可能達成的完成度。交上來的所有的東西，也要有視覺審美。甚至，你更需要具備使用者思維，如果我站在對方的立場上，我希望這件事如何完成才是最好的。

在面對工作本身，不僅僅是結果導向的問題，意思就是我做了，好不好我不管，反正眉毛鬍子我給你湊一塊了，算不算個人就另說了。當你有這種思維，做小事的時候，看不出什麼損失。可是一旦你站在更高的位置，有些時候這種工作習慣，是會產生很大的工作損失。難道不應該具備成果導向的思維嗎？成果和結果不一樣。意思是這件事我不僅做了，還要思考如何讓參與者都身心愉悅，拍手稱好。

我們從小接受的教育裡面，都是人要發揮價值。大家都希望自己的工作能夠受到認可，可是如何獲得認可是謀略啊！

很多年輕人頻繁跳槽，一年跳八個公司的，兩年二十一個公司的比比皆是。我面試過一些孩子，我面試更喜歡站在人性的角度考察，不那麼常規。我發現頻繁跳槽的孩子，都有一個特點，他完全不知道自己要什麼。他只知道這個東西我好像不喜歡，但是他喜歡什麼，他不知道。問一圈好像也並沒有什麼喜歡的東西，對生活也沒有什麼熱情的樣子。

一個對生活沒什麼熱情的孩子，做一件事往往不聚焦一個目標的孩子，我如何判定你能將一件事情做好呢？孩子們總愛跳槽，我總愛問，撇除那些物質的問題，你覺得核心問題是啥？他們總會回答我，因為不喜歡那裡，不喜歡某個人。可是，總有個概率，一個公司十個人，一百個人，總會有幾個你不喜歡的，你怎麼知道你離開了狼窩，下一個是不是個虎穴呢？你並沒有想著我如何處理這些問題，也選擇自己看待問題的態度和角度！

以個人好惡去選擇合作物件，叫基礎人格。以能不能成事去選擇合作物件，叫超越人格。太過相似的人在一起共事，沒辦法補位。總是要不一樣的人，站在不一樣的角度去思考問題，事情才能處理得更完善。

我喜歡一本書叫《清醒思考的藝術》，這是我讀研究生的時候，我的管理學老師上第一節課的時候推薦的。女生們愛幻想自己的人生會有瑪麗蘇劇情的時候，要不要想想，你能達成這件事的核心能力是什麼？是長得超出一般的美，還是禦夫之術很厲害？男生同樣在幻想自己成為霸道總裁迎娶白富美走上人生巔峰的時候，想想你的核心競爭力到底是啥？

年輕人總想著躺著把錢賺了，要自我認知準確，你的能力到底如何？

我們總想著「道」，我要站在巔峰，變成功者。我們悲哀在這個社會只有單一的價值觀，但是我們從來不想想「術」如何去達成。

油膩的中年男子喜歡「拉良家婦女下水，勸風塵女子從良」。我呢，大概是到了一個油膩中年女子的境地，總是喜歡教人好好工作，好好學習，沒事還得跟人說說「如何做一個有趣的人」，好像自己完全脫離了低級趣味似的。到了一個恐慌的年紀，總怕勸人好好工作、好好學習之後對方一副「那個老女人，肯定是更年期到了，要求那麼多！」的樣子。

我的工作是與男性聊天

這個世界上的事情大致分為
關你屁事和關我屁事。

別人問我：「你是幹什麼的？」我很想回答：「耍流氓的。」別人問我：「幹什麼去？」我也很想回答：「耍流氓去。」太討厭解釋了。這種回答可以讓人省去太多不必要的解釋。

朋友圈裡面我看起來好像是個段子手，有時候也貌似是個自媒體人，有時候也客串客串主持人，有時候也去企業給員工吹吹牛，也偶爾好像看起來是一個簽約書作家。

細細想想，我的工作抽絲剝繭，去偽存真，本質上就是每天和各種男性聊天。每天看項目，和項目創始人聊天，和投資人聊天。至今聊過的項目負責人超過95％都是男性，投資人超過95％也是男性，碰到一個在創業圈志趣相投的女性，會有一種終於在茫茫人海之中遇見你的惺惺相惜感。但實際上，常常一桌飯局吃下來，桌上不超過三個女性。

跟我以前的公司相比，這簡直是大不相同。以前的公司98％都是女性，在一群女性中生存，簡直太考驗一個人的多種商值了。

智商、情商是必然的，還得要會嘮得一嘴家長里短。

回憶過往在女人堆裡摸爬滾打的經歷，還能心理健康活到今日，不得不感謝我的自癒能力。

首先，在女人堆裡，千萬不要做第一，做第一那真的就是把自己推到別人嘴中的輿論中心。

第二，你要培養自己，一旦扔到女人堆裡，就能被喚醒「男友力」，這樣你就不會變成輿論的中心。變成女人的輿論中心，想想就覺得異常可怕。陷自己於不必要的紛爭中，對於想高效成事兒的人來說，是愚蠢的。

在標題的斟酌上，請相信我的異常用心，我用的是男性，用男生覺得太幼稚了，用男人覺得太油膩了。與各種男性吹牛已經有些時日，最高峰的時候一天可能得見十二波人，不管是投資人還是專案人反正就是烏壓壓的男性。然後，他們說著自己的項目，吹著自己的牛，你就能抽離出來，看著眼前人，逐漸形成自己的評價。

丫又吹大發了，都是什麼鬼。

這資料騙人的吧，懂不懂這個行業啊！

對面又是一裝主，又要開始了……

這人挺靠譜的，做的東西很扎實。

對面這個看著很 nice 啊，其實應該很難纏。

左邊這個很正經啊，兩分鐘可以讓他破功嗎？

這牛吹的，普通話都跑偏了。

聊項目的本身是非常嚴肅的事情，有很多專業的考量，聊之前要看很多資料並且分析它們，和專案負責人及其團隊要有很多探討與爭論，特別燒腦，常常會唔一天人下來，你覺得自己的 CPU 嚴重當機，超載過熱。我們總得學會在難搞的生活中笑出聲來，找到其中的樂趣。

你可以把這當成一個相親的活動，就覺得樂趣多了些許。你就能從對方的顏值、穿著、談吐、吹牛的誇張程度來判斷這個人靠譜與否，如果要投資這個項目能彼此相伴走多久，走多遠。當然你聽了太多男人吹的牛，你就覺得「你都多大了，還相信男人說的話」這句話是有理論依據的。

看到什麼「我要融一個億」、「要買一個太平洋的小島，建立當地的軍隊政府部門」……這種貧窮限制我想像的項目，也遇到過問半天問題，都圍繞在話題周圍不直接說到那些點上的人。有一些人，一上來就要擺出一種我氣場要壓你三分的架勢，這種人一般都比較自卑，處處想證明自己的過往無比厲害的，通常也沒有一個令自己滿意的現在。一直咄咄逼人地要問出一些事情來的人，通常是結果導向思維，這類人精緻利己的可能性也最大。很多人不明白精緻利己什麼意思，就是把自己包裝得很好其實內心很自私自利。

這幾年聊過很多很多的項目，見很多很多的人，我並沒有因此更了解男人這種生物。我只是覺得我更明白溝通這件事，是需要建立統一的語境。一個愉快的溝通原因有種種，一個不愉悅的溝通，我們的內心是不夠平和的，我們帶著偏見或者不夠尊重對方的情緒在溝通，當然會因此產生一些不愉悅。

每個人都會有自己的認知局限，誰都有，但是你把自己在某一方面的長處變成了上帝視角，這就在溝通之初發生了偏移。

我們常常覺得我說了對方就得懂，如果溝通真的是這麼順暢的事情，那麼這個世界上就不會有那麼多戰爭、暴動、爭吵、謀殺。

我也因此體悟到了，說話要有場景和邊界感的考量，以及對方是否能承受得了你玩笑或者吐槽的尺度。邊界感在溝通中是極其重要的事情，哪些話該說哪些話不該說。小時候讀書讀到：一個女人，太四平八穩，端正得過分，始終是不可愛的。所以，我愛開玩笑，常常有些玩笑開在懸崖邊上，在這個人會生氣和不會生氣的一線之間。

我常常反省自己，還是該小心一點，不該戳了某些人的痛處，傷了某些人的自尊。現在多會提醒自己，多關注些脆弱、敏感、自卑的人的情緒。他們的心小小的、嫩嫩的，一不小心就會被傷害到，要多加小心才是。也領悟到學會自黑是多麼必要的本領，人學會了自黑，就是強大的第一步。開始正視到自己的缺點與不足，甚至是戲謔和欣賞，我想這都是好的心態。

探索一種更好的溝通方式，讓大家的舒適度和愉悅度都高的方式，和人溝通好是一個極大的本領，可以百煉鋼也可以繞指柔，願大家都習得。

Chapter 1

三十而立的職場

他該不會是個傻子吧

如果很不幸，
你的老闆真的是個傻子，
你要麼配合演出，
要麼滾出彼此的視線。

簽售會做了三場，每次說到職場環節，大家都尤為興奮，比起不著調的詩和遠方、生活態度，這是最能給大家帶來直接方法論的部分。所以每每此時，舉手提問的人很多。我的答案大多也是麻辣犀利，大家聽完瞬間大笑，笑完咀嚼還有三分道理的樣子。

所以，就想著要不要做一場「小野醬・大明白職業超度指北」的活動，不求一本正經，但求胡說八道。如若各位看官能留有幾分思考，想來我也是造了浮屠了。

有人問我，當我和老闆意見向左，我覺得我的決策更優的時候，我要不要讓老闆按照我的思路去做？這個問題我被無數人問過，可能有時候在敘述事情的過程中，還夾雜著對老闆的鄙視之類，順帶點人身攻擊。如果是女性老闆，可能還要對相貌進行一番抨擊，以及兩性生活是否和諧，內分泌是否失調，更年期有無提前的惡意揣測。

面對他人這一輪 Diss 的闡述，在我腦子裡常常溜達出一句話：「你的老闆，該不會是個傻子吧？」我們不排除，有傻子老闆，但是通常他能成為你的老闆，多少會有一些你沒有的優勢，哪怕再不濟，至少活得比你長吧，熬得比你久吧，多年媳婦熬成婆，總歸也是用青春歲月換來的。

遇到一些決策性問題或者定績效的問題，有反骨的小朋友多是一頓抱怨，覺得老闆是閉著眼睛定了績效和光了臀做的決策。一頓拉扯，內心極度抱怨，大意就是，老子完不成請給老子搞少點指標，哼唧哼唧半天。或者是決策定的跟過往發展策略完全不是一個路子，員工面對改變，害怕失敗，又哼哼唧唧半天。

首先，你要不要去撒泡尿照照自己的資質，你對行業的理解夠不夠 Diss 老闆的水準。你連世界都沒有觀過，你哪裡來的世界觀。你連一個公司的基礎架構都沒有摸清，就想當然地覺得公司應該按照你淺薄的認知去經營，顯然是不合適的。

如果你對公司很了解，待了很久了，你基於對老闆和公司的情況有了一定的了解，你覺得這個事情的制定是有問題的，該溝通還是要溝通，免得大家心裡都膈應。該探討還是要探討，溝通絕對是解決一切問題的開始，最怕是什麼都不說，直接撂挑子說老子不幹了，顯然是不夠成熟的表現。老闆自會從他的角度告訴你，為什麼要做這樣的安排，如果還是不能說服你，老闆也不打算改，那麼請按照老闆的指示走，他是為決策負責的人。

你可以捍衛你說話的權利，該Diss還是要Diss，但任務還是要完成。畢竟老闆找你來，不是為了證明老闆不行，而是為了解決事情，完成指標的。

「空降」的部門老大也是很委屈的，外來的和尚這個時候未必會念經。畢竟這清一水比你在這個公司待得久的下屬以及不乏「老油條」存在。一個人要籠絡一幫人心，是一項大工程。這攘外安內都是事兒，過往職場生涯穩紮穩打，還好點，萬一是通過一年一個公司換來的更高階的職務，可能會在某個時刻，暴露出你所有的技能Bug。有些公司的小朋友可能擰成一股繩來擠對你，真的是蒼天繞過誰啊！

「空降部隊」的能力以及跟新公司文化的磨合一定需要一個時期。大Boss還是需要給予犯錯的時間和空間，並且感情上要表示理解。老同事們，不要總因為別人在企業文化的磨合期時犯過種種小錯誤，就把人當成傻子。

不要總覺得老闆做出的某些舉動讓團隊覺得不舒適了，老闆就是個傻子，每個人都有認知局限，每個人也都有自己處理事情的角度與邏輯。心理學上有個說法是穿別人的鞋走一千米。意思是說，你沒有體會過他的遭遇，便沒有辦法理解他的舉措。如果很不幸，你的老闆真的是個傻子，要麼你配合演出，要麼滾出彼此視線。

我跟馬一木吃了個飯

我珍惜每一個游離在我主體生活以外的有趣的靈魂。

馬一木，是我的一個網友，我倆認識大約四年了。他有趣這個結論是怎麼得出來的，我也無從知曉。大約是我一個遠端的覺知。

他是一個媒體人，資深媒體人，厲害的媒體人。

我對他的厲害一無所知，順手搜了一下，我確認了他這份厲害。標籤是：作家，跟韓寒一起搞了《獨立團》以及《ONE》。

我們見面串了一串朋友圈共同的好友，為什麼我們會有彼此的微信？我回憶了一下遙遠的過往，複雜的劇情已然回憶不起來。

過往他在我的朋友圈是一年只發幾條訊息的人，而最近非常頻繁，幾乎每天，勤奮地更新著公眾號。當我勤奮更新公眾號，很有表達欲的時候，大多是心情不是很好的時候，而我又覺得找人傾訴是很麻煩的事情。消解不良情緒需要構建一個語境，它要脫離日常，環境要足夠寧靜，情緒到位，周圍的人足夠被信任。這太難了，那麼寫作吧。看了他的文字，我覺得更應該和他見一面，我私信說：「資深網友可以見面聊聊嗎？」

我倆很快約定了見面的時間地點。我們從未見過。網友見面，總是怕頭像被美圖秀秀修飾得太好，以至於對方根本認不出你而尷尬。而我背對著人群，他一下子就跳到了我的面前，特別好。

他說，我很喜歡你書的標題。

而我上本書的標題，能讀懂的人就沒有幾個，讀懂了並關注內核的更是非常少。

他在創業，他是一個資深創作者，他非常聰明，他可以解構內容創作的套活兒和需要創意的部分，上一次給我留下這樣深刻印象的，能解構藝術創作的人是蔣友柏，他倆在眉宇之間有幾分特別相似的神情。剃青的髮型，眼神是堅毅的，總是在思考的，微蹙著眉頭，傳遞出來的疏離感。大部分有內核的人，都有這份疏離感，這類人你一眼望去，就有一種遺世獨立的氣質。

他一直要抽菸，大概是創作者的病灶之一，必須要通過抽菸來擴充腦容量，我們聊天的幾個小時，他菸幾乎沒有離手。那個時候，上海室內幾乎不允許抽菸了，對這些依賴菸的人是一種淩遲。我們去吃飯，我問了他對於一個系列作品的創作思路，對於內容生產者來說，內容創作就是讓火苗熊熊燃燒的過程，我居然問思路，問完覺得自己帶著職業角度的問句俗透了。

馬老師給我說了他在做的一些事情，有自己的獨特的審美。他做了挺多事情，每一個都很有品質。優質的內容創作，必然是個苦活累活。小而美，他和我見面後給了我一些形容詞，一些標籤，我大抵認可，而他是第一個這麼直白說出來的人。我們彼此坦誠地說了一些人生的話題，我一直以為他只是虛長我幾歲，因為外表看起來他也只是虛長我幾歲而已。我拋出一些話題，關於人生，出書，認知，如何做？他舉重若輕，抽絲剝繭，賦予了我一個媒體人的角度，觸動了我的思考。

我在三十歲的邊緣，呈現出了一種青春期倒掛的奇景，明顯的表徵是活膩歪了。我最近逢人愛問，倦怠期要怎麼做？清新資本的創始人跟我說哪有倦怠期，根本沒有。我就反思自己是不是太過矯情了？馬老師輕描淡寫說了一些自己疲乏期的情況，好像在說別人的故事，我姑且稱之為通透好了。

我跟馬一木吃了個飯，我們吃了個一億以下的飯，因為他說我們廣東人一億以下都不讓女生買單。我期待他公司趕緊定個小目標做到一個億。借著上海的夜雨，吸入濕潤的空氣，對談在我的精髓和神明匯集之處，亮起了一盞小小的燈。

四十不膩的形狀

喝酒、美食、旅行……

生活不就是這樣，開心最重要。

Chapter 2

想在這一刻，重新認知自己

生活真的太瑣碎了，
過著過著你就被肢解了。

我寫了幾年公眾號，收穫了一小群讀者，他們有的說感嘆我二百多斤的靈魂如此有趣，因此加了我的微信。其中有一位因為紅燒肉的技術還不錯，給我送了一大盆紅燒肉，這大概就是所謂的紅燒肉的友情。兩年之間，我們每次約飯每次都放彼此鴿子。

「兩年了你真的一點兒都沒有變。」

「而你真的滄桑了好多。」

「你們之間到底發生過什麼，如此感慨？」

「大約那是一盤紅燒肉的故事，比王石的故事還早一點。」

我們聊起很多故事，我們在慨嘆，如果再選擇一次，或者我們生活的答案不是這樣。時常在想這個問題，我們常說如果生命再給我一次重新選擇的機會，我肯定不是現在這般模樣，我們總對現在有些許挑剔。我們總是期待，如若我不這麼選擇會不會有另外一番境遇呢？我不會來上海，我不會跟現在的這位認識，我不會去開店……我們能假設過去，假設現在，我們能坦然過往，這個酒喝得還不算太壞。

你知道嗎？我從未想過會離開北京來上海生活，我是一個北京土著啊。

對啊，我也從未想過會遇到現在的先生，他完全是圈外的人，但是就是有很多話可以說，很多事情可以做，他還比我小。

我的每一任女朋友都來自單親家庭。

我有一陣放棄尋找伴侶了，我覺得自己過得也挺好的。有次一個投資圈內的活動，我的同事拿到了我前任的名片給我看，我當時慶幸，幸虧沒有去。

我聽著對方的故事，如果人生給諸位再次選擇的機會，會不會只是不同場景下的殊途同歸？實際上，所有的我們認為是命運的，都來自我們數次的選擇，做出某種選擇的我們大多數取決於自己的性格。

你每一任女朋友都是來自單親家庭，我們是不是在享受每一次的個人英雄主義的成全或者精神的自我救贖？我們一定會有一個忘不掉的前任，他是我放不下的過往，不敢揭開的傷疤。我慶幸未曾去那次活動。

有個詞語叫心理距離，我以為，我珍藏和對方的這段距離，因為我覺得他的那一篇我翻不過去，可是是否對方真的也這麼認為？他衡量和你的心理距離，是否也如你這般放在那個內心尚未崩壞的地方？

感情是最不能用投入與回報來衡量的，我以為種瓜就得了瓜，種了相思豆就會得到相思，你試試，一腔相思賦予了誰？只要日頭夠久，與現任的歲月夠歡愉，沒有什麼翻不過去的篇章。

看了王小川和許知遠的對話，雖然王小川是個天才少年，他只做最正確的選擇、唯一的選擇、最好的選擇。

許知遠問：「你不會覺得沒有別的選擇，會有遺憾嗎？」

王小川說：「為什麼要留有這樣的遺憾？」

雖然他那一刻雄赳赳氣昂昂地回答，我總覺得人生只有正確的選擇，他是沒有想像的、絕對值正確的、優秀的但是無趣的。

他們都在說著，我找到現在這任先生或者老婆，不在我當初預設的答案內。曾經說一不二的少年，也因為初來上海受到現在夫人的關懷，而乖乖就範到她的溫柔鄉，他歸結為不懂得拒絕，而我卻覺得，那就是宿命和劫數。那個放棄了要找伴侶的少女，曾經數次的蹉跎，一不留心在轉角處遇到比她小五歲的先生。

尋尋覓覓之後，強扭的情感我尊重天意，不打擾是我的溫柔。擰巴的憂鬱症的藝術家女朋友也因為你的擺渡，發現了新的世界，你也不再是唯一的依靠。

生活還是會有牽絆瑣碎，你們鬥氣說，我特別想放下一切說走就走，如我年輕時候的那樣。很羨慕村上春樹的小說裡所有的主人公都跟世界有著強烈的疏離感，沒有父母，沒有朋友，沒有牽盼，孑然一人。你說你很羨慕這樣的人，而如若置你於這樣，你大致會想說，存在著好沒有價值，沒有被需要的感覺。

世界上有好多種長大的方式，你可以走著走著突然明白了某些道理，也可以突然忘記了你怎麼都弄不明白的事情。比如，我對他那麼好，付出那麼多，他怎麼就離開我了？我們有太多弄不明白的事情，有的甚至無暇思考，你就漸漸變老了。

我想重新認識你，從你叫什麼名字開始。

你好，我叫小野醬。

把自己交給時間吧

怕會忘記，便學著記錄，
可是學著忘記也是智慧，
人生的矯情和踟躕大概就會出現在我這把年歲。

二〇一七年十二月三十日帶著那本《把你交給時間》[1]出發去東海音樂節，那是許久不見的暢快與歡樂，和看見朴樹《清白之年》的淚眼婆娑。

旅行是為了什麼呢？說不清是為了什麼，可是總有重新出發的衝動，還沒有學會和世俗妥協的我，就這麼倔強著。那一車的少年，會跳蒙古舞的二毛，唱歌天籟的虎子，純爺，貌美秀氣的小久，還有我，我們開著吉普車，一路高歌而去。不知疲倦的我們啊，一路狂聊天，一路吼著歌。

這一路的山是黛色，有雲霧繚繞，穿梭重山之間，猛吸幾口空氣，大自然的靈氣便通體注入。我看著閒書，大家說：「可以讀給我們聽嗎？」我們傳閱著書，每人讀一篇，我想彼時眼睛留戀文字，優美的話從嘴裡傳遞出來，這是離文學、離美最近的時候，讀著這本關於旅行的書，品味著文字之間傳遞的孤獨，我們沉浸在這種氛圍中，享受著了然了作者意境的小確幸。意外的是我們說了一路，沒有人睡覺，每個人都亢奮地聊著藝術，聊著理想，聊著文學，那是我許久未感受到的氛圍。

晚些時候到了我們楠溪江邊，溫州的美食可圈可點。名字很有當地特色，做法也可圈可點。用酒醃漬的蟹黃蟹膏，鮮之餘還有一絲酒的香醇，尾調是甜甜的，層次豐富，值得回味。皮皮蝦體格巨大，大家紛紛掏出手機，比手指合影。看著大家一副沒有見過世面的樣子，我露出了老母親般充滿喜感的微笑。喝一口熱乎乎的椰汁打蛋，周身舒暢。來一波螃蟹老酒，鵪鶉蛋還是溏心的，萌萌地包圍著螃蟹，喝一口老酒，有蟹的鮮，大呼滿足。小久是溫州本地人，一邊看著我們大快朵頤，一邊介紹著，有一個像蘿蔔一樣但吃著跟土豆一樣的東西，是溫州當地的蔬菜，叫「盤菜」，我反正在江蘇上海沒太見過。

隔日，諸君迎著朝陽去古鎮遛彎兒，每家每戶都有醃制的醬油雞啊鴨啊，在太陽底下，閃著油光，味兒誘惑，小久一邊說很好吃，我們一邊踏著香味去鄉村深處，也是許久沒有這種無所事事的溜達了，路上有村民賣的各種自製的好吃的，我們忍不住啥都吃一點。當地的魚丸湯很好喝，海鮮麵超級大一碗全是海鮮，才十五塊一碗，路邊的梅菜扣肉餅比人臉要大很多，掰一塊，嘎嘣脆，有梅菜扣肉的香。去當地最有名的牛肉麵館叫上五碗麵，牛肉現切，倍兒香。

莫名喜歡上了當地的名小吃——瘦肉丸。不知道是不是因為冬天太冷了，喝了一碗瘦肉丸湯，用來續命，因此對這款食物的印象特別好，基本上每頓我都來一碗，回上海後，難得聚會，我也吵著小久幫著做一碗。這款食物，在我的記憶會留存很久，除了那一口續命的溫暖，還有虎子、二毛、純爺、小久的臉，是那麼清晰、溫暖、有少年感。跟他們聚會總喝酒，一喝酒就開始高唱民謠，這些人總是會給我一種久違感，而萌發一種感動。

村莊的古老建築，映照著遠山，一片蔥鬱，太陽從植被中閃耀出來，繞著村莊的河流，澄淨的綠色，倒映著我們每個人的笑靨。水車在村口，激蕩著水花，喜歡聽各種水的聲音，總是能讓人快速安靜下來，抽離出當下。楠溪江很美，沿著水流的方向，眺望遠方，可以瞥見它的蜿蜒，江上的白色帆船，增加了景色的詩意，總會想起「孤帆遠影碧空盡」這樣的詩句。

我問虎子：「音樂節對你來說像什麼呢？」

「不像什麼呀，就是喜歡音樂人的節日。」我們走過路邊，每人端著一杯野格②，我拍著寫著「野」字的大旗，內心竊以為這是我的Flag，如此高昂，驕傲如我。南方書店的展廳裡，有吉他彈唱，悠揚雋永，全場大合唱，氛圍極好。旁邊的唇印展示，雖不知所以，但是也看得入迷，想著這是哪個色號，哪個色系，哪家的系列。

路邊有一堆房車，人群的歡呼，篝火瞬間起來了，所有的人，圍著篝火歌唱，火光照亮了每個人的笑臉，篝火不時發出劈裡啪啦的聲音，火星飛起，飄向空中，消失在夜空中。國外樂隊，讓現場燥起來，整個現場如流動的盛宴，人群隨著節奏搖擺，你能感受到人群的歡樂，這種能量的傳遞。

竇唯帶著自己的父親來了，《殃金咒》簡單的章節字母介紹，純音樂，關掉所有的光，只有樂器和竇唯的剪影，台下直呼聽不懂，竇唯淡定演奏完，介紹了自己的父親，淡定下場。觀眾們高呼來一首《無地自容》，竇唯在不斷探索自己的音樂表達而觀眾們還停留在當年的黑豹。

杭蓋樂隊的出場帶起了全場的又一個高潮，二毛興之所至跳起了蒙古舞，所有的人圍成圈，加入了進來，你能感受到那種歡樂與沉浸，忘我的表達，音樂所帶來的情緒。倒計時開始了，煙花早就按捺不住，早早地迸發出來，大螢幕開始計數，人群同步，我們大喊著數字，我們揚起頭，看煙花在天空中來了，又去了，照亮了身邊的人的臉，又變暗，我們迎接新年，歡樂氤氳在人群中。

朴樹來了，場下的人每一首都會唱，每一首都是大合唱，這個陪伴我們成長的大男孩，面龐愈發消瘦與清冷，一群人一邊唱一邊哭，你不知道是為了曾經陪伴我們的這些歌，還是因為歲月的流逝，抑或是歌詞讓你記起一些過往歲月，總之一邊抹著淚，一邊高聲地唱著。

把我們交給時間吧，那些漸行漸遠的清白之年，帶走了歲月，慶幸我們還尚存一絲少年感，那些我不想輕易妥協的東西。記得虎哥拿起針線幫我在海鮮麵館釘釦子，記得喝了好多好多酒，說了好多好多話，怎麼可以聊那麼久的詩和遠方呢！還有好吃的油渣，還有附送的擦手濕巾上寫一些有的沒的情懷，給人增添一絲感傷。

編註1 作家陶立夏二〇一六年出版的散文作品。

編註2 野格利口酒（Jägermeister）。

薄情的世界，溫情地活著

人生的底色原本悲涼，
我還是希望我寫的東西是帶著光明的尾巴。

如果可以，我想不將就

A小姐是一個純粹的人，尤其是我半條腿在資本圈溜達，覺察出這種純粹尤為珍惜。

她會彈吉他，清亮的小嗓音唱出來的宋冬野別有一番情調。最近在鑽研做菜的技能，據說成果了得。一言不合就買張機票去有故事的城市浪，用三十七碼的馬丁靴丈量旅途，全世界都在她的腳下，笑起來就是一個純真的小女生，笑點很低哎，我隨口說一個冷笑話，都能笑很久。讀詩的時候，很安靜很美，就像日本電視劇裡文藝的女生一樣。

我欣賞她這份恣意，但我們見面的次數屈指可數，這份純粹在我心中依然在很重要的地方。有時候彼此是不是一類人，可能飛對方一個眼神就懂了，就好像歌裡唱的，只是在人群中多看了你一眼，因為欣賞，我會主動當一個狗腿的僚機跟你多攀談一會兒。

每一個化繭成蝶的人，都有一個艱難的蛻變過程。是的，她離婚了。她以前覺得要找一個需要她的人，後來她發現自己找了一個「媽寶男」，決然離婚。如果不能夠成全彼此，那麼為什麼要在一起？她豐富，有趣，純粹，文藝，得找一個配得上她的人，她執拗，不將就，那就純粹地單著，直到那個懂她的人出現。

我們見面次數不多，她總會在一個不經意的時間想到我，然後滔滔不絕地說一些最近的感想，當下的體會，世俗的淺見，有時候會順嘴提一句最近遇到的男生。每當有人向我展現她不為人知的柔軟面，我都很珍惜他人對我的這份信任。

如果可以，我們願意不將就，因為不將就，世俗可否給我們多一點時間？而不是站在道德至高點說：「我這都是為你好，女孩子三十歲前嫁不了人就沒人要了。」到底生活是為了完成任務，還是讓自己開心？主動選擇有品質的單身，是罪過嗎？是礙著張三李四王二麻子了？

如果可以，我想不被打擾

我自己有個原則，如果有些私事，別人不說，我不愛問。但是，總有「八卦紀檢委」打著我要還世界真相的旗子，把人家不願意露出的傷疤揭給世人看，獲得一種自以為名偵探柯南的快感，我覺得這種人很卑劣。

B小姐，愛折騰，長得美。長得美的人被聊騷那不是必然的嗎！她敢愛敢恨又果決，愛就是愛了，飛蛾撲火，不愛就是不愛，斬釘截鐵。每個人都想被生活溫柔對待，心熱的人遇人不淑的概率更大一些，她們會為驀然回首的心動，全力以赴。這一般只會有兩個結局，要麼她們吃男人不吐骨頭，沒羞沒臊在一起。要麼對面的男人吃女人還愛吐骨頭，見一個吃一個，俗稱渣男。

B小姐在婚戀市場行情火熱，畢竟天生嬌媚，巧笑倩兮，美目盼兮。愛舞文弄墨，還出過一本書。是的，她未婚，她有個女兒。有人說她代孕了，有人說她自己去香港把孩子生下來了。不重要，她現在過得開心最重要。

能不能有這樣一群女人，她們只喜歡小孩，但不想要男人？

但是，在當下的環境裡眾人就會覺得你沒老公就有孩子了，一定不是什麼好姑娘。什麼道理！這個世界的強盜邏輯，往往超出我的想像。

如果可以，我選擇不說

C小姐是我一直欣賞的人，我們第一次相見是在一個會議上。反正大家都不認識，碰到了就三兩句寒暄。但是，當時的我明顯感到了她的鎧甲，我單純地想，可能她不喜歡我這種長相，或者我的談吐讓她覺察出不適了。我也很絕望啊，我又不是人民幣哪能人見人愛。

我們加了微信，她存在在我的微信裡三年，我們私下沒有說過一句話。這情況在誰的朋友圈都挺正常的，畢竟你的生命中總有路人甲乙，但我還是關注著她的朋友圈。C小姐的朋友圈像一幅工筆畫一樣，剛開始是無顏色的，描線也看不出太多東西。慢慢地有了顏色，有了趣味，一遍一遍，她變成了有顏色活泛起來的人。我驚喜她的變化，我猜想她是走出了某些曾經她化不開的事情。

我很欣喜她的變化，我甚至覺得如果每一個離婚的人，都如她一般絢爛多彩，知道自己要什麼，那麼就不會有那麼多的哀怨。因為這種哀怨往往會波及孩子。某次，她輕描淡寫猝不及防地說了她的過往，從無助的時候，迷茫的時候，用鎧甲包圍著自己的時候說到現在過得有滋有味的生活和她正在讀高中的女兒。

不是所有的人都能從過往婚姻的不快中走出來，在這個充滿直男癌的社會，我們太喜歡用固化的標準束縛住自己，生活是選擇題，離婚、結婚都是選擇題，一個人選擇結婚是為了成全自己，一個人選擇離婚是為了成全彼此，我們總是狹隘地認為，如果一個女人離婚了，就是沒人要了，就掉價了，Come on，人又不是超市的大白菜。

當然，我更要提醒你們的是，當我們還不具備對抗世界的鎧甲，請保護好你的「不想說」，保護好你的柔軟，因為這個世界不是所有的人都抱有善意。你不知道哪天對某些人的信任，會變成一把匕首在背後刺你一刀。

題外話，我常常覺得做一個觀察者比一個表演者更有意思。所以，我通常都不遮罩我朋友圈的那些「戲精」。把他們放在足夠長的時間軸上，你是能當一部狗血電視劇看的。結論就是，千萬別沒事遮罩了微商以外的人的朋友圈，否則聊天的談資都沒有了，多尷尬。

如果可以，我不想被 Diss

D小姐中年離婚，沒有孩子。如果女人離婚了，不管她有沒有孩子，都會被人說得悽慘。如果她有孩子，世俗會說，你看這個女人真不容易，離婚了還帶著一個小孩，好辛苦哦！如果她離婚了還沒有孩子，世俗會說，你看她離婚了，都變成老女人了，而且連個孩子都沒有！

我聽到這些橋段的時候，除了對於這種對話的憤怒，可能沒有別的情緒！那些擁有獨立人格和對生活有態度的女性，為何要被一些直男癌價值觀指點？這種評判我往往覺得可恥，他們反而擁有很多的驕傲，蹺著二郎腿，拿著一壺茶，心裡使勁兒唾棄，彷彿唾棄完這些沒有按時完成作業的人，他們就是人生贏家。

我們為什麼要完成這份試卷，我們可不可以，拿著這份試卷，任性地選擇不做。我就交白卷，但是我依然享受肆意人生。

如果可以，我想找自己

E小姐跟我說，她要辭職，因為這不是她要的生活。她說她想做一個手藝人，或者待在一個樂意的地方。她跑去跟她老闆說了這樣的想法。她老闆覺得她幼稚可笑！你這一把年紀了，工作只能說還行，還單身，還老有些亂七八糟的念頭！可笑不可笑！

她說，如果窮困潦倒就會很慘。可是我說，不管怎麼樣我都覺得你是英雄，因為這個時代願意正視自己內心的人太少了。

所以你的工作是你喜歡的嗎？

還是只是你的營生手段？

或者，你還會有直面自己內心的想法！

在台灣有一個很有意思的詞彙叫「敗犬女」。是說一個女的如果到了三十歲，即使高學歷，高薪水，事業還不錯，但是沒有感情的歸宿，無論你職場上多叱吒風雲，只要未婚，你就是人生戰場上的一隻敗犬。

好諷刺的詞彙哦，我就是想再去試試有沒有更合適我的工作機會、生活方式呢！我就是覺得現在一個人的生活很開心呢！我可以不可以迷茫得比別人久一點，那個堵在半路上的要與我人生遇見的先生，因為是你，對的人，晚一點也沒有關係呢！

年少早熟的人通常也成年晚熟，他們並不是晚熟，只是要秉著最後一口氣，不向這個惡俗的世界妥協。

而作為別人人生的配角，我們能不能擁有更多的 Peace & Love 呢？不要隨意綁架他人，不要輕易地裹脅他人，不要按照你的標準去要求別人，不要逼著別人說自己不願提及的過往，不要上帝視角看他人，不要帶著嘲笑去評判對方，你不是規定的制定者。別人諸多苦樂，不打擾是我們的溫柔。

從我的私心來說，希望這篇文章被更多的人看見，這篇文章寫出來是有一定的導向性的，我周圍有很多很多這樣的女性，她們主動選擇生活，她們的選擇不在世俗的標準答案內，我希望她們幸福，並且希望那些惡毒的直男癌們散開，就像惡靈散開一樣！

學著跟自己相處，發現自己真不好相處

「雞湯」古來有之，
隨便盛來就是一浴缸。

《論語》擱在孔夫子盛名之下謂之經典。如果那本《論語》是我寫的，你們肯定說，那就是「雞湯」。

「人不知而不慍」，別人不了解我，我不生氣。這句是聖人遺風，要是出自我口，你們肯定覺得這是扯淡，畢竟我算哪根蔥。「欲速則不達，見小利則大事不成」。擱現在最重要的就是速度，對標美國的創業項目，半年就是一個週期，豈能不快。有錢不賺，是不是傻？

清代作家錢泳（原名錢鶴，字立群）的《履園叢話》中寫過一篇〈要做則做〉。原文是這樣：「後生家每臨事，輒曰：『吾不會做』，此大謬也。凡事做則會，不做安能會耶？做一事，輒曰：『且待明日』，此亦大謬也。凡事要做則做，若一味因循，大誤終身。」

這一則文章放在現在還是很好用的「雞湯」，就是要告訴你，所有的事情不要碰到了就說自己不會做，實踐出真知。

我也不知道我寫的算不算「雞湯」，至少很多時候我都是給方法論的。江湖上有一則「雞湯」說：人啊，要學著和自己相處。我也在某個採訪中說：「活著要想明白三個問題：存在，態度，溝通。」

後來，我學著跟自己相處了呀，發現自己真不好相處。

我不就是膈應、作、擰巴、奇葩、喪本人嘛！

以前，我沒事老嫌棄自己的出廠配置。比如，小時候嫌棄自己長得不好看。哎呀，總是覺得，我要有×××的臉，×××鼻子就更好了。等整容技術風靡全球，地球人民都去改出廠設置的時候，我慫慫地不敢去了，開始安慰自己，這樣也挺好的，是不是作？

沒事兒嫌棄自己的脾氣不夠柔和，不像有些女生軟萌軟萌的，說話嗲聲嗲氣的，可招人疼了。後來，行走江湖了，發現這一身自己不待見的江湖氣，管用。曾經的老闆還隔三岔五地說：「你看你那個嗷嗷的勁兒，結果導向不囉唆，還挺招人待見的。」是不是擰巴？眼瞅著到了而立之年，老嫌棄自己光長肉，長脾氣，長年歲，不長點智慧。也不知道「立」的支點在哪裡。些許慌亂，可是也得承認我不是天才小孩兒，所以憑什麼得是我成功，平庸是意料之中的事情，那就腳踏實地地去做，期待某一天被聰明的各位賞口飯吃，用實力讓情懷落地吧。

我立志就想做一個「女流氓」，因為社會對於女性的偏見太多，我想突破那些框框，好像只要是「流氓」，就可以有理由不受指責。以前別人找我做演講，問我怎麼看待女性職場受歧視這件事，我說我不覺得我受到了歧視，後來演講完回去仔細想想，我不受歧視，可能因為我足夠強悍，沒忍著這份委屈。反思，當我有在公眾面前有話語權的時候，有時候一句頂一萬句，所以說話更要慎重。

焦慮是這個時代的通病，因為這個時代對於成功的定義太過於單一，我們只有一個維度去看待成功。這個時代的年輕人想跟自己好好相處，但是都逃不出那種慌亂感。我們打心眼兒裡不願意接受上一輩人說我們是垮掉的一代，我們打心眼兒裡不願意接受所謂的人生的標準和定義。

當社會認知和自我認知產生 Gap 的時候，我們就開始擰巴了，我們總是想要的太多而做得太少。我們總是想遇到更好的夥伴和對手，而我們鮮有反思自己是不是根本就沒有入場的資格。我們既想要活得特立獨行，顯得有性格極了，我們又想活得八面玲瓏誰都討好，這太難了。

別灰心啊，誰還不是喪著喪著就習慣了。我們總要學會和自己和解，接受不完美的自己，學會自黑且學會自拍，盡力接受自己的不堪和發現自己的美。

楊絳先生提點年輕人：讀書太少，想得太多。對，就是說你們呢！也包括我。

那怎麼辦，努力唄，向上啦少年！

誰不是一邊喊著熱愛生活，一邊又不想活了呢

每個週一，
我都很喪。

或許是我年紀大了，雖然總是告訴自己要熱愛生活啊，生活好像也沒有深切地熱愛過我，呵呵呵。這個社會提倡正能量，我們一邊被宣揚著正能量，一邊被生活打回原形，然後跟自己過往建立的三觀不斷拉扯，然後告訴自己，嗯，一切皆可以解釋為「正常」。

每天早上我朋友圈都是滾滾「雞湯」，開始我還不太理解時常吐槽，這就跟你每天上

班前，對著鏡子跟自己說：「加油，你是最棒的。」效果絕對等同，誰不是一邊喊著熱愛生活，一邊又不想活了呢？一股腦的都是自我催眠，要努力、要正能量、要拚搏、要勤奮、要珍惜時間。

我常常自產自銷「雞湯」，還號稱自癒能力極強。也不愛和別人傾訴煩心的事情，一堆大道理，可以說給自己聽。遇到不開心的事，以前都一個人待在角落裡，睡一覺吃點好吃的就好了，覺得不打擾別人，不把負能量帶給別人挺好的，還驕傲了很久自己有這樣的屬性。有一回遇到一個老朋友，他說：「你知道嗎？你看起來是和誰都能說上話，又誰都看不上，感覺什麼都不需要，什麼都不在乎的樣子。」我才意識到我給人的疏離感這麼強，好像誰都走不進我心裡。

某年的整個三月，我周圍的人，都像被下了降頭一樣，五米開外就能看見周身冒著白氣的那種喪。每年總有三百六十五天不想工作的日子。我想給他們快樂、安慰，可是我發現，我甚至連自己都說服不了。開始我從未意識到，有一天晚上，我在床上拿著手機，就一直刷朋友圈，也不回覆也不點讚也不要幹嘛，就一直刷新刷新，等到了十點的時候，回過神來。

自己為何會如此？好像平常不這樣，我意識到自己是莫名的焦慮，說不上來的垂頭喪氣。回想起前輩跟我描述的在這個年齡段的焦灼感，不管是前進還是放棄，進一步感覺無路可去，退一步覺得不甘心，又未達到世俗所謂的功成名就，總之就是心裡焦灼。所有的人都在人生的路上奮力前行，總有一些孩子會在雨天惆悵，慨歎成人的世界真的是一點都不好玩。

那天看了電影《Eat Pray Love》①，很受啟發。它像一本女性情緒生活指南，「你的情緒是你想法的奴隸，你是你情緒的奴隸。」要做強大的自己需要克服情緒化，我們終究不想活在喪裡，但是這個社會一直強調成功學，結果導向，正能量，好像喪很可恥。我們無視喪，蔑視喪，這並不代表人不會有負能量，它存在並且需要我們好好消化它，用各種你認為可能有用的方法排解它。

生活的本質難道不是跟無趣對抗嗎？某天我要見兩撥創業者，上午的來自貴氣逼人的阿里巴巴，他八五後，從在阿里上班就開始吃安眠藥，收入方面已經很不錯了，但是他覺得活著特別沒勁兒，無趣，一直失眠。沒錢的人想像著自己有錢那天該多麼快樂，可以喝優酪乳不舔蓋兒。可是有錢的時候，才發現把優酪乳蓋兒舔得很乾淨的樂趣再也找不回來了。

下午我又見了一個創業者，我倆去見投資人，他跟投資人慷慨激昂了很久，出來之後壓力釋放，我倆開車走高架回公司，他給我唱了一路的 Hip hop。我完全被他的狀態感染了。這麼昂揚的態度，我相信他甭管遇到多大的事情，總有一天會凱旋。

生活和詩意之間，總是有著古老的敵意。作家里爾克說的沒錯，愈壓抑愈想逃離。以前我給員工做心理輔導說：「你不能選擇事情，但是你可以選擇對待事情的態度，好的態度可以化解問題，壞的態度可能加重問題。」那日回想起來，覺得可笑，人總是安慰別人的時候一套一套的，自己陷入不好情緒的時候就束手無策。

《Eat Pray Love》裡面說：「悲痛宛如一個特定的地點，時間地圖上的一個座標，當你站在悲傷之林，你無法想像自己走出林子，去到某個更好的地方，但若有人告訴你，他曾站在同樣的地方，而今已走向新的希望，這有時會帶來希望。」

我想你們也有這樣的時刻，我們要原諒自己喪的時刻。就讓我們喪一小會兒，嗯，來日再戰吧！

編註 1 台灣譯作《享受吧！一個人的旅行》。

幸好我們還可以選擇與誰同行

這個世界上隨隨便便的成功
都在成功學和微商裡。

在投資圈裡插科打諢了這麼長時間，故事聽了不少，事情也了解了很多。跟所有的圈子一樣，這裡聲色犬馬，要啥有啥。有為了投資某個項目離開原有團隊的人；有發現所在基金初心不對，另起門戶的；有去了自己鍾愛的所投項目，All in的……這個圈兒太精采，是生動的三言二拍，圈裡有太多聰明的人、理想主義者、圈錢的人、滿嘴胡言亂語的人、想改變世界的人。

我想，我是一個有點理想主義的人，有一點小小的夢想是想影響這個世界，不管這個牛吹得成不成立，反正，我有意願。如今，我選擇工作的理由，也早已不是混口飯吃，不管是投資工作本身還是選擇合作對象，我都在挑選同行者，是希望找到那個走到更好彼岸的人。

二〇一九年一月二十六日跟這個基金團隊的第一次會面，到二〇一九年五月二十三日這個項目塵埃落定，這一路有太多值得回憶的東西。

選擇項目或者人，價值觀是第一位的，不作惡是基礎，善良最好。我初見該基金的負責人的時候，我好像是看到了多年後的我，對方這麼毒舌，居然還能活得這麼好。那我也應該不會如我朋友說的那樣「活不過第二集」。畢竟，擁有向善的心，和人交往沒有那麼多的套路，總會有人洞見你的真心，選擇與你同行。

我其實很怕別人評價我說：「對，她是個好人。」這個意思就好像，你別無優點，你只是個一無是處的好人。生活關係的建立，可能以你是不是個好人，善不善良為基底的，但是選擇項目以及同行的人，能力行不行更重要。「能力」無非就是專業技能、基本面分析、溝通能力……當然，基於不同的個體，還會有一些其他的衡量標準。至於專業的衡量，是有多個維度的。比如這個人是這個學科出來的，或者這個人在這個行業深耕了很多年……

創始人自信很重要，我這種嘴欠的人很怕和自卑的人溝通，多半是你無論說啥，他都能對號入座，然後自己插自己一刀。所以，自信太重要了，專業的自信，人格的自信都很重要。最怕不夠專業，自信又沒有，做事畏畏縮縮，怎麼看都覺得合作是浪費彼此的時間。建立信任度這件事，很大程度上，看氣場。氣場不合適，得折掉一半時間，專業沒有，又得折掉一半時間，還有一半時間得安慰他脆弱的自尊心。創業這件事，無論從哪個維度都不允許玻璃心，孤獨是肯定的，做決策沒有參照。方向感也很重要，知識結構也很重要，沒有一定的思維模式，怎麼能把創業道路和選項由寬泛做到垂直然後細分落地的一天？

執行力就是當我們決定是不是同舟共濟之後，很重要的維度了。當然，在準備資料之初，就能看出個一二了。準備資料之繁瑣，牽扯的對象之多，還能非常快速地給到回饋和保質保量地去完成，並且大家的微信群非常多，每天收到的訊息很多，有沒有不放棄的精神去持續地跟進也非常關鍵。跟進一個案子不容易，當我們決定好好去做的時候，很怕做到一半就沒有理由地放棄。有一個關於挖井的寓言故事。有的人，今天挖個坑不對，明天再挖一個，後天再挖一個，發現周圍深耕一個賽道的人，挖到了水，一臉的羡慕，而自己什麼也沒有挖到。別人在深耕的時候，所忍受的孤獨、踟躕、焦灼、等待和耕耘，你未曾看到。

這個世界上隨隨便便的成功都在成功學和微商裡。

堅持和不放棄，是我剛工作的時候，我的大老闆反覆強調的。他一直告訴我說，「要堅持，堅持，再堅持和結果導向」。已經有小十年的光景了，我依然記得這句話，並且一直在踐行。一件事情，不管從哪個維度去分析，都是正確且對於集團發展有利的，為什麼不提早布局？等到其他玩家都上桌你才意識到那你根本沒有資格上桌了，華為提早那麼多年去做「鴻蒙系統」這件事，已然證明了戰略思維的重要性。

大多數人活得太幸福，退路太多。大多數人迷失在生活中，這也行那也行，不工作也行……那我們到底要成為什麼樣的人？我們可以不斷校正人生的細小腳步，但是，冥冥中總會有一些力量告訴你：對，沒錯，就是那個方向。我們把這個稱之為直覺，可是直覺是什麼呢？是父母從小對你的教育，你讀過的書，經歷過的事情，對自己的複盤，最後呈現出來的你對生活和事業的理解。直覺並不是沒有根基的花。

我常常慶幸生活對我真的太好了，我周圍所有的人都在幫我，感覺自己都快膨脹了。前輩說：「世界對你的樣子，便是你對世界的樣子」。等待結果的過程太過漫長。知道結果後很是安慰，答案對於我只是遲到，還不算是缺席。感謝生活賦予我的一切，每當我頹的時候，就會有好消息敲我的門。

約翰．藍儂說：「所有的事到最後都會是好事，如果還不是，那它還沒有到最後。」

人只有慫的時候才能看清自己

大概在這裡，
我終於清醒地認知到慫慫的自己，
其實有那麼多不能為的事情。

學潛水時的溺水感，映射出時常無助的人生。潛水OW（開放水域潛水員課程）的考試，還有考不過的人嗎？我周圍的每一個人好像都很自然地通過了，而我克服對水的恐懼就花費了比一般人要長得多的時間。

以前總覺得自己還挺能的，現在才發現自己有那麼多不能的時候，因為不能，便會明白，你要對世界有敬畏之心。

我的腦海中像過電影一樣，回想著過去兩年半的上海生活。遇見的人，尤其是讓我糟心的人；遇見的事兒，尤其是讓我糟心的事兒。我一路昂揚而去，當年的我要告別當下的安逸去上海闖蕩。告別那些熟悉的面龐，和曾經一路相依相伴的好朋友。

我比以前更忙碌了，每天都面對未知，我認識了比我厲害很多很多的人。他們以前活在我看過的雜誌裡，看過的電視裡。如今，他們站在我面前，離我那麼近卻又那麼遠。有時候我們只有五米不到的距離，卻時常感覺一眼千年。周圍每一個人都是學霸，每一個人都背景輝煌，還那樣努力……

我幾乎每天都火力全開，努力工作，每天見到形形色色的人，能夠稱之為好人的，能夠稱之為壞人的，還有很多不痛不癢的。我也時常迷失，時常迷惘，時常焦慮，感覺有好多的事情要做啊，有好多的人要見啊。

前幾日回南京見好友，一位和我差不多前後腳去上海的好友，向我表述了自己對上海的生活不適應，他看了我一眼說：「你看著適應得還不錯。」我看了他一眼，深深地嘆了口，諸多話語，都在腦子裡，我開不了口，個中滋味，都在酒裡吧。我對自己喃喃了一句：「可能看起來還不錯吧。」眾人起哄，拿起酒杯說：「敬敢去『魔都』闖蕩的人，都是英雄。」

我人生最長時間的挫敗感是從上海的生活開始的，總是不滿意自己的表現，總是覺得可以更好，總是在反思自己的行為，總是在質疑過往。就像在一個漩渦中，你想呼喊救命，沒有人聽到，又不知道如何自救，向誰求救，漩渦像黑洞一樣吞噬你。這兩年一路忙碌，不曾輕鬆上陣，總是有焦灼感，一睜眼就想著今天還有多少的事情要完成……已經忙到沒有時間傾訴、忘記、悲傷，可是轉身回望，自己又做了哪些可圈可點的事情呢？

學潛水的時候，大家會鼓勵你說，你可以的，因為好像沒有什麼人不可以。一直驕傲的我，始終在跟入水後的恐懼感做鬥爭，彷彿水就會死亡。我恐懼、焦慮，這個假期都無法好好放鬆。人好像無法在春風得意的時候認清自己，春風得意的時候會放大自己的優點。在這樣一個小島上，看到了自己的慫和不能的時候，我聯想到過往很多的事情，吵過架的人，處理得不夠完善的事情，一切皆可追溯。

在海邊撿了一隻寄居蟹，牠在我手心裡，小小的，然後慢慢爬出牠的殼，周邊有人大吼了一聲，牠便立即縮回了整個身體。我很像牠，看起來是一個驕傲的女戰士，可是慫的時候，也是一秒就想逃避。每個人都是寄居蟹吧，想要安放一個溫柔鄉在這個紛擾的世界。我的溫柔鄉是什麼呢？第一年來上海因為諸多的不適應，看了一整行李箱的書，書讓我感覺安逸，安逸能讓我洞見世界，書是我寄居的殼。

學習潛水帶給我的思考這麼多，然後我踟躕了一整晚，還是決定再試試，向那個看著彪悍實際上面對海洋就是一個怯懦小女孩的自己，向怯懦、不勇敢、挫敗感宣戰吧！

畢竟，放棄很容易，而堅持下去一定會很酷。

歲月從來靜好，而你兵荒馬亂

對不起，
我正向一個庸俗的中年走去。

如果你要說老阿姨憑什麼這麼義正詞嚴，那我不得不拿起中年人殘存的驕傲說一句，誰還沒年輕過？

人到中年難免有一絲油膩，這種油膩來自於什麼呢？我想無外乎歲數大，見得多了吧。

以前沒有見過世界這麼沒羞沒臊沒底線的樣子，那時的你還一副少女懷春的樣子，期待著這世界充滿愛，相信只要努力，就沒有什麼不可以，夢想是要有的，萬一我就是那個天選之人呢……

後來，見多了世俗的殘酷，有些人做事兒連底褲都不曾給自己留。你也就見怪不怪，套路心中留，劇本時時有。你也甭管面前這孫子多噁心你，你都得飽含深情，面帶微笑，用一種見了初戀一樣的曖昧眼神說：「×總你真是愈活愈年輕了，哎呀，這個臉上完全沒褶子①。」也甭管對面這位女士臉上打了幾噸玻尿酸，笑容如何堅硬如鋼，你都得擠一句：「怎麼就愈來愈漂亮了，真是愈來愈有味道了呢。」

當孫子當習慣了，熬到做了老爺的時候，發現：哎呀，這個世界豁然開朗！原來當老爺這麼爽啊，這些年卑躬屈膝受的委屈，都要釋放啊，姑娘們甭管是喜歡我的錢，還是喜歡我的人，只要有姑娘生撲，哪有拒絕的道理，那不是暴殄天物嗎？

歲月相當靜好了，悠悠歲月，晃晃蕩蕩，在你終於登上了人生巔峰的那一刻，過往那些個對你愛搭不理的人，現在都高攀不起你了。

中年人很難被取悅，就拿過生日來說。假設你是一個部門小頭頭，受人們尊敬愛戴（也可能是員工為了多拿一點年終獎對你阿諛奉承），他們在提前籌備的時候，你就能覺察出他們的表情管理有些不對了。然後你掐指一算，哎呀，我生日要到了。嗯，估計要準備生日禮物給我了。等揭曉的那一天，你醞釀了一天的情緒，一定要表現得非常開心。等蛋糕推進來的那一剎那，你鎮靜地謝謝小夥伴們。可是，小朋友們的劇本裡面，你應該會感動到哭的，然而，你並沒有，小朋友們自己被自己感動得哭了出來。

中年人的生活頻道太多，上一秒是兒子考了一百分的喜悅掛，下一秒可能是老公跟別的女人走了的悲情掛，再或者下一秒是父母身體出點意外的焦慮掛，也可能是自己由於有點小病小痛，跑醫院的次數明顯多了起來的疲憊掛。比起演員演戲，一遍遍彩排算什麼，人生的起落直播，可更是精采。不等你調整情緒，一個個沙包就全部丟給你。

這年頭連喝杯喜茶都要憑著運氣不排隊，也是喪得可以了。有天，朋友實在等不了了，就去隔壁買了杯星巴克，出門看見一個黃牛，他說：「小姐，不用排隊買喜茶，五十八一杯。」朋友說：「謝謝，不要了。」只聽後面黃牛說：「又是一個窮人。」哈哈，人在江湖漂，喪從天上掉啊！

你以為堅持買彩票，總有一天你就會是天選之人，大獎就砸你頭上？每週二相約福利彩票站，都是熟人，連續買了很多年，中獎的最大額度也就是一千塊，跟這麼多年的投入相比，可以說是九牛一毛了。

後來，你看到網上流行一個詞兒：「天拒之子」。反正「天之驕子」你是沒有 get 到過這種感覺，「天拒之子」的解釋就很適合你了，被上天拒絕的孩子，幹啥啥不行，弄啥啥不順，不被上天眷顧也就罷了，上天還要處處為難你。

曾經的你信誓旦旦說要讓自己的小孩當上富二代，後來你發現就你那點薪水，零零碎碎自己夠花不錯了。你琢磨著當上富一代不那麼容易啊，可能從一開始你對做富一代這件事就有點誤會，致富這件事從來都是接力賽，你倒好，當成百米衝刺來理解，你這麼天真是為了給世界增添點笑料的嗎？

或許有奇蹟呢？萬一我運氣好呢？朋友們，運氣好從來都是努力者的謙辭，那無數個埋頭工作的夜晚，你有看見嗎？你總是只看到人家露出棱角的那一刻。

隔壁公司的妹子跟我說：「你看我老闆出國帶給我的手信。」我瞟了一眼，幽幽地說了一句：「怕是現在有人給我送錢，我才能開心吧。」有人說：「你好棒啊，我喜歡你的書，希望你繼續寫下去。」我有時候想，下一秒他不會說「有個忙請你幫一下」這樣的劇情吧？對不起，原諒一個中年人，活久見了，通常我的生活劇本裡面都是這樣演的。

人到中年，很難逃脫生活的瑣碎，你那點所謂的文藝、才氣、心氣，早已被弄得支離破碎。為了拒絕變成這樣，我想每年都要一個人去山裡待段時間，像梭羅的《瓦爾登湖》一樣。這種抽離太難了，電話，網路……讓你無處遁形。

在時間這條河裡從來都是靜好，它是容器，承載人的喜怒哀樂，承載人來人往，承載風花雪月，承載故事書寫與演繹。而你早已在歲月的撕扯中，兵荒馬亂，還不敢宣洩情緒。因為別人會說：「你都多大了，還跟個孩子一樣。」

有人說，中年人的抱怨就像是吃完一頓飽飯的嗝，看似陣仗很大，歸根結底都是一聲嘆息。其實，這也很容易理解，快樂通常都是點狀分布的，而大部分的日子都不痛不癢，不喜不憂，而人的記憶總是會記得自己喪的時刻。

我有一個願望，做一個可愛的有少年感的中年人。

電影裡，斯嘉麗看著落日說：「Tomorrow is another day.」

來吧，中年人們，明天又會是令人抓狂的一天。

你準備好了嗎？

編註1 指的是皺紋。

我們應該活成什麼熊樣才叫體面

人應該活成什麼熊樣才叫體面？
我不知道多少人想過這樣的問題。

你要活出什麼樣的人生？
你得有多少錢才叫有錢？
你得有多少房子才能肆意？
你上多有名的學校才叫學霸？

你得有多大名氣才叫名利雙收？

你發現若把你的人生放進比較的境地，你便無法收穫快樂。所有的比較你都可以有更好的選項，以及比較後總有旁人比你做得更好。假如以上條件你都有了，你比較有錢，比較有名，有一些房子，算得上學霸，旁人看你算得上人生贏家，你發現當下的你也未必擁有真正的快樂。

我見了那麼多有錢的人、有學識的人、有名氣的人，在旁人看來，那麼多外物的加持，世人眼裡你贏了呀，還有什麼不快樂的呢？可是很多人就是不快樂。找不到對手是不快樂的，沒有可以聊天的人是不快樂的。

有一個隨時可以聊天的人，是多麼奢侈的事情。

有主持人問演員王志文：「為啥不結婚啊？」

他說：「想找一個可以隨時聊天的。」

主持人問：「這很難嗎？」

他說：「很難。當我想說某件事情的時候，對方說，『有什麼不能明天再說嗎？』或者『你等會兒再說』，頓時就沒有了興致。」

沒有人活在村上春樹的小說裡，好像他的主人公與世界都沒有關聯，永遠跟世間存在著某種疏離感，大部分是希望被人愛，被人懂的。以前我覺得疏離感是個不那麼好的詞兒，當社會的節奏愈來愈快，絕大部分人都會產生某種疏離感，包括愈來愈不知道自己奮鬥的價值，愈來愈看不清自己的目標，愈來愈不明白自己是誰。

二〇一七年的六月，虎哥給我發來一段話，我一直放在微信收藏裡面，我覺得他的話很有代表意義，我時常拿出來看看，提醒自己與反思。她說：「我現在有的時候也有點活得愈久牽絆愈多、心愈亂愈髒、欲看不清生活，看不到未來，看不見自己，世界都是渾濁的聲音，根本聽不見自己想要什麼的感覺。」我當下覺得那大概是一個對自己尚且有點要求的青年，內心深處的吶喊以及在掙扎著自我救贖的聲音。

有錢的人不一定是快樂的，但是當你擁有選擇的自由，遷徙的自由，不裹脅於世人的蠅營狗苟，或許某種程度上你是體面的。錢給予我們物質滿足感的同時，我覺得更大的效用在於它某種程度上給了你選擇的自由。你可以選擇上班，你也可以選擇不上班；你可以去環遊世界，也可以靜坐房間一隅；你可以想去倫敦餵鴿子就餵鴿子；你可以去世界的某一個角落浪蕩。你擁有決定自己命運的自由，這種選擇的自由，是很高程度的體面。

渡己，人世間走一遭，就是一場擺渡的征程，從此岸渡到彼岸，一路或披荊斬棘，或繁花似錦，我們能經歷這一番美好或者不美好，我們堅韌且昂揚，我們回首所走過的路，我們經歷了人生的荒蕪，完成了修行，我們會是體面的擺渡人，我們不僅自己走過了人生的荒原，我們還協助周圍的人，像崔斯坦①一樣，渡一些需要我們幫助的人，我們是在造浮屠，我們不僅能搞好自己，還能隨手造幾個浮屠，哪天我們擱上帝那兒吹牛，都是倍兒體面的。

生命的美在於前路未知，鮑勃．狄倫在《搖滾記》中說：

「前方的道路將會崎嶇艱難，我不知道它通往何方，但我還是踏上這條路。眼前即將出現一個奇怪的世界，亂雲罩頂，閃電頻傳。那個世界，許多人不理解，也從來沒有弄懂。我卻直直走了進去，那個寬廣的世界。」

體面大概就是，有選擇的自由，渡己旨在修行，渡人皆造浮屠。

編註

1 英國作家克雷爾．麥克福爾（Claire Mcfall）的小說《擺渡人》中的主人公，他以擺渡死者靈魂為業。

我想問一句，你還好嗎

告別錯的過去，
才能和對的相逢。

那誰離婚了。
那誰的書店關了。
那誰談戀愛了。
那誰來大陸了。

那誰辭職了。

那誰新公司活得真糾結。

那誰要去杭州歸隱山林了。

沒有一年的秋天過得如此的清冷與淡然，腦子裡都是《情書》裡面藤井樹對著天空哈出白氣的畫面，都是寂靜的氣息。

お元気ですか？（你好嗎？）

我想問一句，你還好嗎？

我無從知曉別人的心境，但是每每有人問我這樣的問題，我常常倒吸一口氣，要怎麼回答呢？從何說起呢？故事太長，情節太亂，心路歷程太坎坷，那些糾結的、踟躕的、徘徊的心境要怎麼表達呢？

以前，被問這個問題，我總是覺得，那我要理理思路，認真回答這個問題。說得太積極，總怕被認為是炫耀。說得太喪，大抵我總還是一個要面子的成年人。後來，我發現，這不過是兩個人沒有話說時的一個套路。

後來，我有了自己的標準答案——Not bad！不好不壞吧！

朋友多的好處大概就是，即使我賦閒在家，也會收到一些意想不到的人發來的訊息。他們會想到你，然後，想跟你說說他們的近況。有些人，我完全忘記在哪裡見過，還有大把的心境去聆聽那些不好不壞的故事，那些人的闡述。我想他們並不需要我的安慰或者解析，他們只需要一個聆聽者，把自己的「不好不壞」吐了，然後另起一篇，明天接著戰鬥。

一個女性友人跟我說她「離婚了！」我從來覺得，說離婚兩個字的女人，後面不需要加感嘆號，那應該是一個句號。這只是一個選擇，跟你上什麼學校，去什麼公司上班一樣，是一個選擇，這個選擇的本質是，你想過得更好。告別錯的過去，才能和對的相逢。

離婚這個問題，上升價值，就是女性意識的覺醒，這依然是一個很大的課題，但是最終的勝利，怕是要無數個這樣小小的案例堆積起來，不斷發酵，產生效應。性別的認同，獨立的人格，我們要思辨社會強加給女性的性別特質以及女性的社會責任，得出自己的結論，並選擇性地去踐行。這種剝離當然很辛苦，更像是一場戰鬥，和社會傳統認知的戰鬥。你可能會被認為是神經病，但是，這可能是你的宿命。

那個書店關了，從朋友嘴裡知曉了大概。想起曾經在那裡念詩的場景，想著不知道還會不會有這樣的場景，那群人，不問來處去處，被放到那樣的一個空間裡，然後就有了奇妙的效應。每一個好書店被關，我都會難過，書店在一個城市裡，就好像是這個城市內核，是城市的靈魂，沒有了內核，怕是有很多人會覺得內心缺失了什麼。

書店為什麼會被關呢？我每每思考這個問題，總想幫著他們點什麼，可是又無從下手。

如果一個人在這個時代活得太過純粹，他有可能就特別清貧。三觀太正，略清高，選擇性賺錢，還記得初心。我敬佩這些人，卻也覺得自己無力去阻止一些事情的發生。

有個中年少女戀愛了，跟我說：「中年婦女戀愛了，就想歇歇了，享受時光，想去杭州待段時間。」我們得感恩，還有人愛你，還有人值得你停下來，有人在這個焦慮的時代，破解了你的不安全感，讓你安定地和他待一段時間，如果我們不那麼功利地去享受愛情本身，去追求所謂的結果，那戀愛就是美好。

凌晨跟恩師聊天，聊最近的心境，他說，我以為你不會和其他人一樣，去做一個××××的事情。我第一反應是，我在他心裡居然是這樣的設定，我可是從未標榜過我脫俗。我只是在每一次大的選擇面前都聽從內心的聲音，至於內心的聲音是什麼，我怕是也不知道，姑且認為是鬼使神差的上帝旨意吧！

那誰辭職了，不知道哪根筋搭錯了，就告別了每天像奔喪的上班生活。人怎麼會想辭職的呢？大概是，我們總是期望自己的工作價值和企業發展的價值能匹配，共同成長。某一天，你發現，兩者怎麼都匹配不上，你懷疑是自己有一些問題，然後，你就多方調整，發現怎麼都找不對感覺。當然，你也可以混，當一天和尚敲一天鐘，可是人的職業壽命和一個企業的企業壽命比，還是要短不少的，簡言之，你熬不過一個企業嘛！

人生前半段，靠的是好奇心和體能。人生後半段，靠智慧就能泰然處之，謀定而後動。好些人活了半生，還是年輕時候的慌亂，世界卻已經不買單了！因為，我們可以輕易地原諒一個年輕人，卻不會釋然於一個中年人。我們總會電中年人：「他活了這把年歲，卻不明白這樣淺顯的道理。」

人的每一次「出走」，看似偶然實則必然。我們只是不願意那點屬於我們的在塵世的光芒，在歲月的牽扯中消失殆盡。文藝點說：「You know some birds are not meant to be caged , their feather are just too bright.」

我大抵是還具備一些反省精神的人，一個人成為現在的模樣，是凝結著他過往所經歷的故事和歷史局限性的。因為我們處在大的歷史條件下，所以，我們先天就帶有這個時代的局限性，而他的成長環境也會對他有影響。所以，每個人都會有局限性。

今年的形勢不是很好，方方面面。但日子得過，餓了吃飯，渴了喝水，無知了讀書，朋友所在的募資部，集體被砍了，可是人生這麼長，誰還不得經歷幾次經濟週期啊，這些事不是你能決定的。順勢，而為。情況好的時候，我們就飛快一點。逆勢，養成。情況不好的時候，我們得攢著下一次飛行的勁兒。

人們經常會問：「你想好了嗎？」哪有什麼絕對的想好，只是在當下，我們根據自己的心意做出了某些選擇，而往後事情會怎麼樣發展，誰知道呢？那些離職的、離婚的、擰巴的、糾結的、歸隱山林的、關書店的，這只是你漫長人生中的一次選擇，也或者是你漫長人生中的一次沼澤，不要慌張啊，把答案交給時間吧。

覺得你和這個世界都正常，是病

時隔一年，我們又見面了，
我也實在不好意思再放人家鴿子了。

很多年沒有人跟我談理想，可能是我戒了，不是戒了理想，而是戒了跟別人談理想。理想沒有踐行出來之前，都像是傻×扯淡。

我怎麼會跟別人扯理想，一定是我瘋了。這年頭有人聽你談理想，對方眼裡不是閃著「傻×」就是閃著「吹牛」。哦，對，是他先跟我談理想的，我才回憶起理想這件事情。

對面這位天蠍座的男子，畫風雖然非常邪門，但是依然是我欣賞的類型。事業還不錯吧，以我的角度來說，大概是以怎麼更好地浪蕩為業。我們居然會聊理想，簡直是離譜。他說，他最近在籌備一些事情，跟藝術有關係的。不知道能不能成，但是還是想把它完成。他說出他要做的事情的時候，我大概就是表情包本人了，我非常浮誇地瞪圓了眼睛，然後驚呼：「那你很棒棒啊！」

表演雖然浮誇，可是我內心是很真誠地祝福他。這位哥哥眼瞅著就要在奔四的路上絕塵而去了，在目前還比較成功的事業上，還能有另起一行的勇氣。要知道，大部分的中年男子在奔向四十歲的路上，都是一副「老子要萎掉了」的樣子。

歌手朴樹的評論中，重複最多的詞就是「少年」二字。朴樹說：「我覺得不是我過於少年，而是這個國家的人提前老掉了。」

對，我想就是這種「少年氣」，讓人有一種昂揚的狀態，有一種對未知世界的好奇心與探索精神，不懼年齡的問題，總有去踐行的勇氣，這是非常寶貴的品質。

他說，他在糾結一件事情。他想去電影學院進修導演系，因為他想要了解鏡頭語言的表達，他想知道怎麼去引導觀眾視角。他唯一的顧慮就是，可能沒有辦法同時負荷現在的工作。

我說，那就去啊。年輕的時候想幹點兒事兒，還不往前衝啊！

他說，這是你的作風啊，我這還有正經工作呢！

我說，其實我也很想去電影學院學一學劇本寫作什麼的。倒也不是真的要去寫劇本，就是學習點「術」，我寫東西都是野路子，寫的都是同一個視角，雖然知道自己的讀者喜歡什麼樣的內容。

但是，迎合絕非我本心，我討厭迎合。

對，就這樣，我們聊起理想。我想不管跟誰說我的這些想法，大部分人都會覺得我腦子有病，你的理想跟你現在的工作一點不相關，還費錢費時間，並且沒有產出。我腦子裡很多無用的想法，在這個功利的社會，我常常羞於跟別人說這些，不想讓自己顯得像神經病。

他說：「你知道作家里爾克說過一句話嗎？『生活和偉大的作品之間，總存在著某種古老的敵意。』作家天生就應該有三種敵意，對所處的時代、母語和自己。這是一個作家和世界的基本關係，一個嚴肅的作家，必須對自己的寫作保持高度的警惕和反省精神。寫作，就是一門孤獨的手藝。」

我的創作是要跟父母、朋友之間存在一定的距離，我的作品不是為了影響他們的，我是為了影響想聽我表達的人的。坦白講，我當時寫東西，根本就是為了讓自己爽，開心，我沒有什麼功利心，但我必須要說，寫作，我是認真的，不追求什麼結果的。

我喜歡朴樹，很多人都知道。這輩子到目前為止和我關係好的男生朋友基本上都是天蠍座，朴樹也是天蠍座的。所有人都跟我說，天蠍男很渣啊！我也在想，我到底是被下了降頭了還是我太不像獅子座？為什麼只能跟天蠍男做好朋友？

扯遠了，其實，我喜歡朴樹，是因為朴樹跟世界有疏離感。

我喜歡這種疏離感，我骨子裡一點不喜歡熱絡，雖然我看起來跟誰都挺熱絡的。有時候我的熱絡是禮貌或者工作需要。我還是喜歡一種脫序的抽離的狀態，這個世界太無趣了，在規則太森嚴的地方，就很想做一些脫軌的事情。

我覺得自己是一朵挺大的奇葩。奇葩的想法太多，以至於我怕別人理解不到我的意思，所以我很少給人添堵，很少和別人聊人生理想。

×先生跟我聊了在他這個年紀，世俗看起來不著調的理想。於是，我也袒露了我的不著調的想法。說完有一種終於在茫茫人海中見到病友的開心。我們雖然有時候一年見不了一回，×先生在重大節慶日都不忘發來真摯問候，不是群發。逢年過節我早就戒了群發祝福訊息的壞習慣，如果要感激和惦念的人，就指名道姓的，發去問候。

歲數大了，愈來愈體會到感恩以及道謝的重要性，一定要及時，主要是怕有遺憾。好友太多，業務合作夥伴太多，有時候忘記了問候，回想起來，還是會懊惱一下。

他說，學理科的去拾掇藝術，總怕會學不好，有時候他會羡慕一些人的天賦，羡慕他們對美和藝術的感知。

說到天賦，在我小時候，語文老師總說我寫東西有靈氣，有寫作天賦。可是我不以為意。因為我知道一件事情要做到出類拔萃如果只靠天賦是走不遠的，必須得下功夫。在做創投工作的時候，我時常佩服別人對於資料、數位的敏感，第一次聽華師大①的陸教授背一長串數字的時候，我也是驚為天人，而我在這方面的天賦就不太好，通常會很快遺忘那些工作上的資料。

後來發現人類就是太天真了，總迷信最後的結果，忘記了人家在無形中花了時間和心血去耕耘的過程。在我看來天賦在做很多工作的時候，都是可以用勤奮去彌補的，只是得勤奮對地方，道、法、術、氣勢，一個都不能少。

我很難跟他人有很深度的對話，跟這個現實的世界比，可能還是我不正常一點。我們說到了自由意識的覺醒。

這是一個很有意思的話題，說中國青年自由意識的覺醒體現在什麼地方？首先是性意識的覺醒。西方性意識的覺醒從十九世紀二十年代開始，至今有近二百年的歷史了，所以，我們會發現西方在處理兩性關係的時候，愈發成熟與自我，大家好像都知道自己要什麼。很多西方家庭，組成人員只是伴侶關係，一輩子沒有領結婚證的。

李銀河老師也曾在公開場合說過，婚姻制度終將消失。我想中國的自由意識的覺醒還有很長的路要走。

×先生說：「文青混知乎、豆瓣。我呢，多一個虎撲。」

我說：「我呢，被人說是文青，從來不混什麼知乎、豆瓣。」

他說虎撲就有個特點，非常直男。有一個頻道，就一個禮拜三、四回的文章都是關於男人被戴綠帽子的。

呵呵，社會對男人很寬容，男的要是出軌了，就叫正常，要是一個女的出軌了，從古至今都好像要被浸豬籠。上一輩人概括說：「哎呀，男人都這樣。」且不說男女平等、自由意識的崛起，在婚姻中對彼此忠誠特麼還男女有別呢？

我常常慶幸這是一個自由的時代，像我這樣的人，可以在網路的平台上找一畝三分地去耕耘，去表達自己的看法和想法。在自由意識覺醒的今天，我們應該更包容也更公平地去對待兩性的親密關係。

父母和孩子之間的親密關係也應當被重新定義。誰都不是誰的附屬品，誰也不是誰的作品，誰也不應該強迫誰的意志去生活，不按照傳統的價值觀去生活不應該被唾棄，因為父母並不能為了孩子的未來負全部責任。

你們會發現，有那麼多的八〇後，按照父母的意願和要求去找對象，最後生活不幸福。父母也需要在自由意識崛起的今天，去適應這樣的社會，去從孩子的視角看問題。有一個詞語叫「文化反哺」。在文化急速發展的時代，年長的一輩應該向年輕一代吸收新意識、新文化。

這是一個靜悄悄的改變，就像父母為了更流暢地和我們溝通開始學習使用微信一樣。你會有焦慮感嗎？是這個時代的普遍要求強加給你的那種焦慮感。你沒有獲得世俗意義的成功，也沒有在情懷上超脫，哪裡都沒有你的溫柔鄉，而歲月走得太快，一晃十年。

覺得你和這個世界都正常，是病。既然都有病，為什麼還要按照世俗的要求去給自己添堵？

編註1 華東師範大學的簡稱，位於上海。

中年女性的自尊成本有多高

從來沒有多少歲，就該怎麼樣，
活著，你就該有自己的節奏。

中年女人的焦慮來自於日漸下垂的法令紋、幾近消失的腰線和快被社會淘汰的恐慌。焦慮的終極表現形式就是錢包遭殃。從早晨睜眼開始，那兩片日拋的美瞳就得二十塊左右；熬最深的夜，蹦最野的迪，塗最貴的精華，這一塗抹換算到每天至少五十塊；再來一波彩妝，粉底倒也罷了，遮住那黃臉婆般的臉還可以原諒，家裡的口紅五十支起步，才算是個女人，畢竟現在的行銷號天天帶節奏，你剛買完「迪奧999」，自媒體又出新推文《沒有×××，你都不配叫女人》，所謂的「斬男色」就幾十個色號，幾十個牌子，好像你買了，天下男人就都被你收入囊中了一般。

沒有幾支YSL，Chanel，Tom Ford的熱門色號，你就不配當全村的最野的崽兒。女人的錢好賺，只要告訴她從村頭到村尾，每個人都有了一支爛番茄色，她內心就每天翻來覆去淘寶好多遍，上演著買還是不買的戲碼。畢竟現在已經有的口紅，任憑你有十八張嘴，每次不重樣，都夠塗好幾年的。

口紅色號對於男生來說，簡直就是玄學，誰分得清爛番茄色、姨媽色、斬男色、死亡芭比粉到底是個什麼玩意兒，不都是紅色嗎？

某一天照鏡子，突然發現眼下多了幾個紋路，我的天啊，恨不得把鏡子給摔了，「小仙女」怎麼可以容許這些紋路出現！於是面膜這東西出現了。它是女人焦慮的另一個表現形式，自從范冰冰說自己每天都在敷面膜，女同胞們便紛紛效仿，「雙十一剁手」下單。某品牌出了一款面膜，號稱敷十五分鐘，能解決一切皮膚問題，你的皮膚會好到氣「死」前男友。氣「死」前男友又怎麼樣呢？男人這種生物的思維模式是這樣的，如果他不愛你了，絕對不會多想你一下的，只聽新人笑，誰管舊人哭啊？但是如果你死纏爛打對他念念不忘，無論多少年他都能自我感覺良好，覺得他是你心頭最珍藏的人呢。

女人啊女人，生理年齡一到三十歲了，甭管你以前活得多粗糙，都像突然間打開了某個閘門，你就會萌生出一種固定句式在腦子裡，比如：我都三十歲了，我應該有一個名牌包啊，對對對，買起來；我都三十歲了，我還不能有幾個口紅啊；我都三十歲了，我還不能打幾針玻尿酸啊；我都三十歲了，還不能……

我都三十歲了，已經過了喝星巴克的年紀了，必須得精品手沖，得分得清咖啡豆是水洗還是日曬，光喝過還是不夠的，得喝懂這個世界，必須得知道什麼衣索比亞、曼特寧、水洗耶加雪菲……還得說出來裡面有梅子、檸檬和一些些的花香。

得見過世界啊，江浙滬包郵區的遊玩就不要放嘴上了，必須得出國境線啊，什麼十天九國歐洲深度遊就不要說了，多 Low，必須得去一些小眾的地方，漫不經心去遊蕩，文青都得說是流浪。旅行還是太過表面了，於是，你又報了鋼琴班，上課都要拍美美的照片，PS 上五百塊錢的特效，集齊「九宮格」①。你又發現不夠，又報了個數字油畫班，每週拍一張自己在畫畫的照片，看起來雲淡風輕，其實畫了三個小時，心想：「我去，想靠畫畫吹牛居然要這麼久，自己花的吹牛錢，跪著也要畫完。」Nice！你也買了很多書，暢銷書都買了，但是都落灰了，也未曾讀過，又花了不少錢買了 Kindle，拍了張照片後就再也未曾打開過。

後來，你覺得還不夠，你又辦了健身卡，「得到」裡面的付費課程你悉數購買，你有了名牌包，你用了最貴的保養品，你可以去美容院，你可以買很多套「戰袍」，你還是不快樂。因為，你所有的行為都在追尋一種範式，你從未有過自己的生活節奏，你不過是這個大時代背景下，芸芸眾生中，別人販賣焦慮時被割的韭菜。

從來沒有多少歲，就該怎麼樣，活著，你就該有自己的節奏。

編註1 依照微博的介面設計，一篇發文一次就可以看到九張照片，俗稱「九宮格」。

一個女人的自我淪喪

我一直在思考，
有的女人是如何從一個充滿少女感的人
變成了一個喋喋不休的、被人詬病的中年婦女的？

這對我來說，是一個課題。

因為我可能終會走向那裡。變成那個在路邊搖著扇子，說著張家兒子和李家女兒的是非，然後誇著自己的孩子如何優秀，生完一個還得生兩個的女人。我顯然抗拒。別人跟我說你還有很多路可以選，而且我也覺得你不會那樣。我小時候也熟讀孟母三遷的故事，明白環境對人終究會有影響。

如何判斷一個女人是否淪喪？談話只需十分鐘，沒有孩子、老公、車子、房子，能關注自己內心的缺失，還在想怎麼讓「我」在未來舒服地和自己相處，跟世界相處。如果是這樣，她就還沒有淪喪。

我周圍90％的女性談話的內容，除了誇自己孩子如何優秀，宛如一個靈童轉世，表達出一種作為母親的驕傲；自己的老公如何會賺錢，會表達愛意，讓自己開心；然後，講講自己家的房子、車子、包。沒了。

而一個兒子女兒不夠優秀的、沒什麼可誇的婦女，就誇自己的孫子，每一個腳趾頭都優秀，然後見人就說，一遍一遍。一模一樣的內容，重複一遍又一遍，如同祥林嫂。故事的開頭是一樣的開頭，故事的結尾也是一樣的結尾。待她誇完她周遭的一切的時候，說自己便無從說起了……唯一驕傲的，你看，我拾掇完老公，拉扯兒女，拉扯完兒女拉扯孫子，這就是中國女性的相似的宿命。

中年女性為什麼會囉唆呢？可能因為年輕貌美時候，把青春貢獻給了老公，期待投桃報李吧，沒想到男人都是「大豬蹄子」，中年就開始連正眼都不瞧自己了。孩子也到了叛逆期，曾經掏心掏肺養育的孩子，發現對著自己竟然無話可說。

她們在這樣的生活中，逐漸失去了話語權，可是她們還想控制控制，要按照她們的想法發展啊！怎麼做呢？就不停地嘮叨，告訴你她的內心世界的秩序是這樣的，我為你們付出那麼多，你們應該按照我說的去做！去做！！去做！！！

老公覺得她婦人之見，孩子覺得她媽都幾十歲個人了，不看書不看報，看的都是微信「雞湯」，以訛傳訛，歲數愈大愈失去對於正確資訊的辨別能力，還要指導我的人生，這不扯嗎？

為了刷存在感，只能一遍遍叨叨，你還得維護她的內心秩序，她是你媽啊，即使大學放學回家，你媽還是堅持七點半甚至更早叫你起床，這是她們的內心秩序，她們最後的倔強，在這個家的存在感，你得聽她的。

還得一遍遍跟你叨叨他們的「社會規則」，雖然自己可能平庸，但是為了你過得足夠安全，只能跟你叨叨他們經驗得來的「社會規則」——「你看啊人啊還是要進國企，還是要去外企，大學畢業前不許談戀愛，高中不能早戀，但是二十八歲我要抱孫子了，三十二歲我要抱二孫子。」

安全感來自什麼呢？來自大家都是如此，我只要一樣，就不會出錯，不會有問題。我有時候在想，大約是平庸的父母對於社會生活理解的安全感和對社會規則的理解太過於狹隘，他們自己想做一個「裝在套子裡」的人，還要說服自己的孩子也和他們一樣。

香奈兒女士開始穿褲子的時候，象徵著女性力量的崛起，那是二十世紀六十年代的事情，也是平權運動中很重要的節點，現在都二〇二〇年了，很多女性腦子裡還裹著小腳。可能是我家庭關係很平等，我從未意識到平權這件事對於我來說是個事。

近來，我更深刻認知到，很多女性自動選擇拒絕成長為更好的自己。使她們淪陷的有時候就是她們自己，生完孩子，孩子就是她的百分百中心，她忘記孩子和她都是有獨立人格的，媽媽比孩子更早失去了自己的人格，各種長時間無效的陪伴，並沒有讓孩子更好地成長，反而會讓孩子變成更糟糕的、自私的、自理能力差的孩子。

長期無效陪伴，其實會變成孩子的童年陰影。孩子明明想有自己的時間和同學玩，可都被媽媽占據著。

生活失焦，看似偉大的母親們，在全身心投入到照料孩子和老公的生活中後，會期待百分百投入後的回報，而回報不如預期，很可能就產生道德綁架。類似「我是你媽媽，我含辛茹苦把你養這麼大，你怎麼能這麼對我？」、「你為什麼不聽媽媽的話（這種話很多時候，是脫離了社會生活的錯誤判斷）？」、「你真的要把你媽媽氣死了，你看看你誰誰誰都戀愛了，你怎麼對象連個影兒都沒有啊！你哪兒點不如他了……」父母明明說大學畢業前不能戀愛，卻要你憑空就變個女朋友出來。

她們漸漸發現，老公愈來愈不正眼看自己了，孩子也變成了一個泯然眾人矣的孩子，人生也差不多這樣了，更年期也到了，怎麼刷存在感呢？沒完沒了地嘮叨，沒完沒了地綁架，跟老姐妹嘮嗑話題十幾年沒變過，我老公賺很多錢，我孩子優秀，我孫子聰明，我過的就像一個女王一樣圓滿。然後臨了不忘安慰自己，我們普通人差不多這樣就行了。要是今天聊天被隔壁的比下去了，得氣一天，明天嘴上一定得找補回來，把上回出國搶黃金的細節一定要再描述一遍，講講自己如何俐落地買了黃金，外國的飯如何不如樓下的蘭州拉麵好吃等。

我們也理解理解媽媽的內心是何種的失落吧，容顏不在，歲月流逝，自己還是啥都沒搞出來，除了生了你，算是她最大的榮耀了，嫁了你爸，算是人生最不對的選擇，好像反正跟誰過，最後都是將錯就錯。最後只有嘴是自己的了，那就沒完沒了地嘮叨唄，反正從五十歲以後沒啥正事可做了，無聊的前半生，沒啥盼頭的後半生！

用「祥林嫂」來形容一些中國女性的淪喪過程一點都不為過，年輕時候有點才學有點性情和情趣，都在歲月光陰中餵了狗，老了就跟「祥林嫂」一樣……我希望新時代的女性們更多地關注自己的成長，即使你是一個寄居蟹，你也要出來曬曬太陽。

這位少女，來，快加入我們「祥林嫂」戰隊吧。

不——要——呀——

Chapter 2

四十不膩的形狀

你的喪藏著對世界的失望

三觀是什麼東西？

沒人跟你講三觀，因為我們笑貧不笑娼，不管站著把錢賺了還是躺著把錢賺了。總之，有錢就好了，先變現再洗白嘛。肉體資本就是最大的資本啊！沒毛病！我們需要更包容，存在即合理，我們需要讓自己更寬廣，但更寬廣和沒有下限好像被混為一談了。

聽到某種事情，還是會驚訝，心裡不舒適，並為此做出回應，似乎並不能顯得你三觀多正，只能證明你沒有見過世面啊！這多正常啊！世界存在什麼都是正常，成年人為什麼會喪呢，想要而無所得嘛！想要內心的寧靜，很難，那背後的烏合之眾，時不時拿著隨大流的價值觀綁架你，有時你還會掙扎一下，心想到底是我錯了還是世界錯了。等社會真的強姦了你的個人意志兩、三回之後，你連反抗的力氣都沒有了。

沒事還是不要說自己的想法了，你的想法重要嗎？不重要！人成熟的某個標誌就是知道你的一切都跟這個世界上的絕大多數人無關。學會了閉嘴，學會了沉默，就是所謂的成熟。還隨便跟別人表達自己的內心，你都多大了，還相信別人安慰你的話！

那些個精準的利己派，一副精英的模樣，和他人見一個面內心可能只有兩個選項：這個人有用，這個人沒用。有用的就迅速投入懷抱，撒嬌跪舔，比小心心。彼一邊，沒用的，儂幫幫忙囉，我的時間很寶貴的。目標導向用在工作中並沒有什麼錯，可是用在生活的每一個瞬間，掐指精算，就失去了交際的快樂。

和不同的人擱一起嘮嗑，有人大驚小怪地說起曾經的見聞，心想總得找到跟自己三觀相同之人吧，於是有人就開始表達自己見過世面的樣子，雲淡風輕地說教一下：世界就是這個樣子的，切莫大驚小怪，動了真氣；你都多大了，遇到這點屁事兒，瞧你那個不淡定的樣子。你看看人家，你學學，這才是真的成熟。不管演的成熟還是真的成熟，面具戴上了就摘不下來了，是啊，偶像包袱不能掉啊！

一桌子人吃飯，角兒在呢，關鍵時刻得喝個彩啊！掌聲，讚美聲，不要停不要停，配合演出呢！裝出一副小白兔的樣子，睜大眼睛崇拜樣，厲害厲害，世界都欠我們一座奧斯卡。說起來人生來平等，有些人活著活著就是奴才樣了。失敬失敬，會演會演，在古代，宦官就是最會來事兒，得寵的人才能上位。

得把生氣給戒了，你都多大了，還生這麼不成熟的氣。不至於不至於，不影響你賺錢就好了。

得把驚訝給戒了，說起來也是見過大世面的人，這點事情，就讓你波瀾一驚，驚濤駭浪的，嘛呢？

學會說抱歉，給諸位小主添麻煩了，甭管是不是你錯了，和氣生財，把抱歉放在嘴上，準是沒錯的。

成年人的喪不值一提，誰都不容易，誰都別叫喚。當你喪的時候給自己打氣，宛如一個入了邪教的病人，「雞湯」怎麼那麼受歡迎啊，面對現實，我們太無奈了。一聲嘆息，一地雞毛。

立志做一個任性的人，誰也甭擋著我樂意。對著一切不樂意說：「不！」然後，過來人就會說，你看看一把歲數了，還這麼不成熟。

成年人的喪，是對現實的束手無策，是對這個世界真相的失望。

補一勺真「雞湯」：

「Il n'y a qu'un héroïsme au monde: c'est de voir le monde tel qu'il est, et de l'aimer.」

世界上只有一種真正的英雄主義，那就是認識生活的真相後依然熱愛生活。

為什麼不可以在朋友圈喪

我刷朋友圈的時間比較固定，
朋友圈就是我的「廁所文學」，
每一個時間就是一個「尿點」。

我喜歡在衛生間刷朋友圈，廁所這個地方真奇妙，在這個嘈雜的世間，它是真正屬於你的空間和時間。

很奇怪，一到這個空間裡，就很容易文思如尿崩。一到這個空間裡，那些不想讓人看見的疲倦、嘆息、沮喪都可以放出來那麼一小會兒，再從衛生間出來，又是一個向上的青年。

這裡還會產生一些所謂的「衛生間哲學」。

早晨，我的大部分微友都會發布一些激勵自己工作或者振奮精神的話語，而實際上，大部分人日復一日地工作學習，早已厭倦了生活。朋友圈是最後一絲處女地，如果能在別人同樣疲倦的情境下回應他一下，笑著給他鼓勵，這未嘗不是一種「負負得正」！

所有的語言都可以被修飾，那些看似振奮的言語下，是被現實一遍一遍侵略過的靈魂。在《八又二分之一》這部電影中，主人公問主教大人：「我為什麼活著不開心？」主教說：「因為人生本來就是痛苦的。」

對上班族來說，午飯時分是相對放鬆的時光，雖然人類微小，不能主宰自己的命運。慶幸的是，我還能主宰自己吃什麼。現在的年輕人只要獲得了「奶茶的自由」，就感覺獲得了馬斯洛頂級的自由，因為奶茶的背後，更深刻的是社交屬性，獨生子女太孤獨，孤獨無從選擇，但一杯小小的奶茶卻能打破它。

我認識的年輕人經常在朋友圈發布自己午飯吃了什麼，本著「朋友圈先吃」的純粹節操，向你展示一個「生活雖然一地雞毛，但此刻在這個城市一隅，我還能有一些歲月靜好」的樣子。美好太少，所以我要讓大家知道，我活得還行。

晚上，不管你是「９９６」還是「００７」，此時都是人類情緒最脆弱的時間區間。

白天與各類人的唇槍舌劍，跟客戶來回周旋，情緒都沉澱在此時。

這一天，苦盡甘來，是意外。這一天，如若苦盡甘不來，也是常態。

哪有那麼多每天都值得人奮進的消息。

焦慮的人們開始繼承成功學大師的衣缽，每一個成功的人，跟大家最大的不一樣，就是下班後的時光。他們不敢懈怠，下了班開始學習新的知識，開始一天中相對來說最為輕鬆的時光。

在朋友圈裡不能喪，那裡的人幾乎都是認識的關係。沒人喜歡在自己朋友面前展示自己過得不好的形象。大家只喜歡展示「我過得還不錯」的樣子。我們喜歡別人給我們點讚，如果我發了一條自認為還算得意的人生體悟，最怕看到的是十分鐘後無人點讚。生活是需要觀眾的，不是嗎？

我曾經發過一個朋友圈問：「為什麼大人會變穩重？是因為長大我們才發現很多事情，搞半天發現都搞不定，然後為了不被周圍人嘲笑，就選擇不說，等成了才說。這不是穩重，是偶像包袱。」

下面一連串留言。贊同者多半是年輕人。有人還「補刀」說：「成年人搞成一件事還要裝一裝，一副雲淡風輕，好像只是實現了小目標的樣子。」不贊同者是一位有故事的男同學。他說：「穩重的大人不會這麼想問題，不是每一個成人都有偶像包袱，對於結果不是每個人都能承受得住的，求而不得不一定是世界欠人一個道歉，是需要向自己解釋，所以不需要在票圈進行表達。」

有的成人習以為常，所以會逆來順受，有的見過大世面的，遵循事物的規律，一部分人內心強大，表面看不出來，但不會屈服和折腰，年輕人一定需要吐槽，需要聆聽者，年輕人你別看他不滿，情緒來得快去得也快。所以，年輕人都需要一座「奧斯卡」，沒有爽暢感根本平復不了內心的翻湧。

我想起了王小波那段話：

「那一天，我二十一歲，在我一生的黃金時代，我有好多奢望。我想愛，想吃，還想在一瞬間變成天上半明半暗的雲，後來我才知道，生活就是一個緩慢受槌的過程，人一天天老下去，奢望也一天天消逝，最後變得像挨了槌的牛一樣。可是我過了二十一歲生日時沒有預見到這一點。我覺得自己會永遠生猛下去，什麼也槌不了我。」

我們都希望自己是那頭生猛的牛，什麼也槌不倒我們。

在朋友圈，你還可以是那頭槌不倒的生猛的牛，在朋友圈表達的東西，更像是一種美好的夙願，是精神的渴求。朋友圈不能喪，因為解釋需要力氣，因為不能讓看笑話的人得逞。

人生活到最後，只是對自己有個交代。

世界就是如此，從不慣著誰

你知道最可悲的感情狀態是什麼嗎？

我大概是朋友裡面的哲學家，總有人發來這麼深刻的問題來和我探討。我也常常被一些問題問到後脊梁發冷，總覺得生活太經不起推敲了，細看全是 Bug。

在忙，就停下手中的事情，回覆過去：「這是怎麼了嗎？」

答曰：「就是一個人在小酒館喝酒，連個願意去想的人都沒有。」即使跟我發完這樣的話，我看著她的朋友圈還是雲淡風輕地發了自拍。

我的朋友圈也愈來愈多成年人了，大家發的昂揚精神、「雞湯」、雲淡風輕的背後，都是疲倦、無奈、生命不堪承受之重的一飲而盡。

我時常一個人旅遊，一個人出差，一個人享受在城市的一角觀望著來來往往的人的時光，不為什麼，想不明白的時候就發呆，有些答案不是一拍腦袋就能出來的。

我回覆她：「這是常態，我們要學會品味孤獨。人生太難了，我們這個年紀往前每走一步都是血肉。沒人可以惦念的時候，我們就想想自己，想想過往。」

我以前一個人在山東出差，從濟南出發，去了濟寧那座小小的城市；去了德州，錯過了扒雞，圍觀跳廣場舞的大媽；去了東營，在靠近黃河入海口吃著燒烤喝著啤酒；去了青島，記住了啤酒、蛤蜊、嶗山礦泉水；去了滕州，我等著客戶，路邊的阿姨做著菜煎餅，我就跟她聊天；我去了威海，那裡有風有海，那裡的海和青島的海很不一樣，我興奮地觀察這些，然後一人飲下這些生活微小細處的確幸；去了煙台，發現煙台的海跟威海的海又不是一個脾性，還看到大櫻桃，覺得它們好美啊，就是生命該呈現的樣子。就是這麼孤獨，這一路的寂寞和旅途的勞累，都被這紅色給治癒了。那時候就會領悟到，還是要給生活找點樂子，發現一點美。

我觀察生活的每一個人，那些個在外人看來是人生贏家的，也大多數過得不甚輕鬆。

曾經有幸跟「一条」的徐滬生先生，「意外藝術」的瀟公子，「美的專業主義」的李蕾姐姐一起出席某個論壇。我跟他們認識兩、三年了，但不常見面，每一次見面，都能感受到他們那種蛻了一層皮的成長。他們全是創業者。

我第一次見徐滬生先生是在一個遊艇活動上，那個時候「一条」才剛創立，一下子受到了那麼多人的喜歡，他那個時候還是滿滿的書生氣，文人墨客的感覺。當時我跟我的老闆楊總（楊振宇）聊著「一条」的商業模式，感覺他們創業雲淡風輕，理想主義。時隔一、兩年後再聊天，發現一個文科出身創業者的變化，他的商業模式、文科生在創業中會遇到的大坑、企業管理中遇到的問題、自己的幡然醒悟……這一次他侃侃而談，語速和之前比快了不止一點兩點，那是創業者的緊迫感。

一、兩年前見到瀟公子的時候，她坐在我隔壁，悶頭只顧著吃，我倆加了微信，然後相忘於江湖。後來每次見面，都要提及第一次她在我旁邊吭哧吭哧吃的記憶。這一、兩年用她的話說，創業還兼職生了個小孩。我好奇地問：「你會有產後憂鬱嗎？」她眼睛閃出的光，異常堅定，說創業者的時間都放在解決問題上了，哪還有時間憂鬱。李蕾姐姐一直美美的，文藝撲面。一年前見面，她有疑惑、有篤定，這一、兩年的摸爬滾打，在美的事業上不斷深挖，也是思考良多。

我常常在各種人身上映照到自己，推己及人，大概是這個意思吧。默默告訴自己，困惑的時候，就靜下來好好想想；得意的時候，就順勢而為。時間雖對於每個人都是平等的，可是每個人的刻度不一樣。以前我在外企工作，是以天為單位的謀劃，現在在創投圈是以小時為刻度的。因為刻度不一樣，相較於以前可以丈量的生活反而變得更加寬廣了。

生活，你想得特別明白嗎？人啊，要是活得太明白啊，就沒什麼意思了。就得摸索著，興奮著，前面有個懸崖，剎車的時候發現自己一半都在外面，豁然笑一聲，天無絕人之路啊！

世界如此，沒慣著我。驕傲時不忘給你耳光，憂鬱時不忘給你一扇小窗。

擼串喝酒，世界我有

後來你發現真正能一起喝酒的人愈來愈少，
而我也愈來愈不愛喝了。

我相當不愛喝酒，因為我喝酒就意味著要起夜，對於我這種睡眠品質不高的人來說，簡直就是煎熬。即便是這樣，最近也發現喝酒是一個有樂趣的事情，酒過三巡，該說的、不該說的，該做的、不該做的，都有了藉口，眾人不正經地聽著，說的人直抒胸臆，認真你就輸了，隔日各回各家各找各媽，也都別惦記。若是隔日再把昨日的糗事拿出來咀嚼，多半也不會有好的聽眾，可能也沒有下次約酒了。

最近喝酒的頻率略高了一些，我想我還是一個挺Nice的人，至少我赴約多半是看對方的性情，即使喝酒會有一些「後遺症」，但看到對面是有趣的人兒，我便會自動解除封印。喝完酒，我多半是聽眾，跟白天得吧得吧的我不太一樣，我負責拉扯你們的回憶。

我通常也不勸酒，喝酒講求興致，將醺未醺之時，便是最好的聊天時機，平時那些「大爺」、「孫子」，都給你把面具扯下來，咱們好好走個心。在酒桌上我通常相當節制，第一怕別人比我更尷尬，第二我怕喝完酒幹出些令人詫異的事情。

依稀記得有一次我在山東跟客戶喝酒，那時候大學畢業沒多久，一上桌女士們開始敬酒，每人喝三杯，我一看形勢不妙，鄰座大叔的手已然開始瞎動了。剛畢業那會兒我的三觀受到了一些Shock，至今我都記得這位大叔的來龍去脈，他是哪個道上混的。我立馬躲廁所裝醉。姑娘們單獨出差喝酒還是不要太拚命了，否則怎麼被撿走，第二天醒來都不知道發生了哪些不可描述的事情，會不會有點太刺激了。當然，主動搞事情的除外，畢竟有錢難買人樂意，注意安全！

我至今去過的酒吧，兩隻手數得過來。年輕時候嫌南京的「1912」太鬧騰。現在，也依然不喜歡吵的酒吧，對我而言，有人唱歌，有酒，對面坐的人是有趣可愛的，便著實心滿意足了，如果還能拉扯點彼此長長短短的回憶，飄一會兒將至未來的思緒，我就很滿足了，我只是想追求一個場景能把內心安放。

南京紫峰大廈七十八樓的酒吧還是可以去一下的。人少，層高，可以看南京全城的夜景，難得跟好玩的小夥伴去那裡吹牛聊天。大理的酒吧還是該去下的，只要挑「大能」在的時候去「大能」的酒吧，這哥們服務意識爆棚，什麼都給你服務熨帖了，這把我們幾個慣壞了，差點以為大理酒吧老闆都這脾氣，高估了大理的服務業水準。

武漢江邊的酒吧也可以去，畢竟不是所有的城市都有熱乾麵就精釀啤酒的酒吧。穿的人五人六的投資界Boss給你買熱乾麵，負責陪吃，還問你：「怎麼樣好吃嗎？」看著你扒拉完，喝完啤酒，吧唧一下嘴，心滿意足，這就得配一個動漫式的「太好吃了！」才對得起那個當下。

歐洲的酒吧也可以去一下，每個人手端著一大杯扎啤，站著，大聲聊天。到了晚上，大家都站在街上，我懷疑是希臘時期群眾喜歡在廣場高談闊論留下的「基因」。

我不愛喝白酒，從嗓子眼到食管然後到胃，辣，直衝腦門。所以白酒是我的禁忌，喝完胃太難受了。但寧波的老白酒，喝起來很綿柔，甜甜的，非典型白酒，有時候陪著袁岳老大喝一點，盡點興。紅酒早先學了點皮毛知識，由於長期不複習，只能分辨「雷司令」了，以前參加過紅酒盲品大賽，起了個隊名叫「除了顏值，一無所有」，非常直白地告訴別人我沒有實力。

喝黃酒的習慣還是在蘇州出差被客戶帶起來的，冬天吃點藏書羊肉，黃酒溫一下加點薑絲，好像是他們喜歡的搭配，我喜歡入鄉隨俗，感受每個城市的市井生活。喝雞尾酒，最早看名字，後來問酒精濃度，再後來基本上按照基酒來選擇，後來我找了個助理，她交了不少「學費」，熟知上海大大小小的酒吧，堪稱「雞尾酒專家」。後來我常年被工作吊打，也再沒有心思經常去歌舞昇平的地方喝喝小酒，撩撩 Bartender 了。

後來你發現真正能一起喝酒的人愈來愈少，而我也愈來愈不愛喝了。於我而言，很多人的聚會，喝酒，酒吧都是生活的出口，是喘氣兒的地方。唯有虎哥和我，在上海的「啤酒阿姨」店裡，能幾瓶酒，幾包橡皮糖，嘰哩呱啦一下午，看著周圍的顧客換了一茬又一茬……

這一路緣深緣淺都不憑嘴說

那是無數個我們相處的歲月形成的某種默契，
可以是日日的陪伴，
可以是甜膩地每天說著爸爸媽媽愛你，
也可以是如這般潤物細無聲。

我們總在說緣分，陌生人之間的緣分，男女之間的緣分，但鮮有探討我們與父母之間的緣分。一如其他緣分一樣，這份緣也有緣深、緣淺之說。我們沒有辦法選擇父母，父母好像也沒有辦法選擇我們。我們來到了人世，我們相伴著彼此，這一生相伴或長或短，但從出生那一刻，這就注定是一場離別，只不過每個人的這場離別形式不同罷了。

可能有些人在還是小孩兒的時候，就失去了父母；有些人自從上了大學就和父母交流見面次數甚少；有些人一輩子都在父母身邊，不曾遠行；有些人即使和父母在同一個城市裡，也彼此看著生厭，不如不見。東西好壞的評判標準，一部分來自我們內心的感受，一部分則來自周圍情況的比較。

我的上海同事們是非常不願意加班的，回家要陪著父母吃飯看電視。能時常相伴，至少在某一個指標上，算是緣分深的表現吧。而如我這樣的，即使在家，也願意自己一個人在書房待著，做做自己的事情就不好說了。我很小的時候，父母因為做生意很忙，我就常常一個人在家。我從小被教導，所有的事情都應該自己拿主意，並且要為自己的選擇負責任。所以，自從小學開始我能自己處理的事情，都最後對父母說，也多為告知他們。

小時候的事情有哪些，無非是選了哪個興趣班，參加了某個比賽。我決定後再告知父母，無傷大雅，不是什麼大是大非的事情。長大之後，當我辭職告訴父母的時候，父母是一通抱怨，說我為什麼胡亂跳槽。在他們的理念裡面，至少要為一家公司工作五年才不是胡亂跳槽。我要從南京到上海工作，我媽知道後要炸鍋了，這對他們來說都是天大的事情，他們怎麼不能作為商量的對象，而只是被告知，Unbelievable！

自從我上大學開始，一些話便很少跟父母表達。我慣常是報喜不報憂，遇到喜事多說兩句，遇到不開心的，一般就應付過去了。我媽媽常常問，為什麼你都沒有心事跟我說呢？隔壁的誰誰誰，有點什麼事情都跟媽媽說呢！

既然是心事，應該就是難以解決的，跟她說了，大多時候換來的是她焦慮睡不著，且焦慮通常是無效的，若我能一個人扛過去，何必要兩個人甚至更多人擔憂呢？

負面情緒通常我自己就消化掉了，若再說一遍，我又多花了一些氣力去回憶，浪費了雙倍時間。所以過去就過去了，過去的那一頁能不翻就不翻，畢竟塵土飛揚，雞毛蒜皮，迷了眼睛多不好，這大約是我的邏輯。因為什麼事情都想一個人扛了，這大約是所有「女漢子」養成的必要途徑。

我相信很多人都有這樣的境遇。上一輩人總是用世俗的標準去要求你，然後覺得你的幸福就應該如此如此，公務員、老師、醫生，都是安穩保險的職業，可是這個時代早就變了，早已沒有什麼安穩可言了，所以我們見到了許多上一輩人和下一輩人在價值觀上的拉扯，拉扯過於激烈，惹得雙方不快樂；拉扯略溫和的，雙方心裡終究是膈應的。

網上的「雞湯」，總是顯得溫情美好。「你陪我長大，我陪你變老」。實際上，與父母緣深緣淺，是雙方互動的結果，絕非某一方的事務。有些人看到網上的「雞湯」不免自責，覺得自己和父母的相處方式，好像和網上的描述不一樣，便產生了某些懷疑。

我也時常寬慰自己，爸爸媽媽的一些好的品質遺傳給我，精神的指引更可貴。我媽媽是一位非常堅韌的女性，而我爸爸表面上是純爺們兒、粗獷型，但是做事情想問題都非常細膩。遇到困難的時候，我媽媽總說：「多大事情啊，人活著還怕解決不了嗎？」以前我上學遲到，我爸爸總說：「不著急，安全第一，急也不能立馬到學校。」所以有時候碰到客戶遲到了，我也總說：「沒事，不著急。」以前爸爸出差，總是帶很多書給我，即使在他工資還很少的時候。這大約是對我最好的陪伴和精神的指引。

我想說這一生與父母的這般關係，緣分深淺，全不憑嘴說。那是無數個我們相處的歲月形成的某種默契，可以是日日的陪伴，可以是甜膩地每天說著爸爸媽媽愛你，也可以是如這般潤物細無聲。

好友安達總喜歡找我探討原生家庭中的親密關係話題。我常常從中受益，站在另外的角度看待自己和父母的關係。近年來，父母相較於以前對我溫和了一些，我能體會到的是他們沒有心力去管我無時無刻地折騰了，總是在接收我的某個通知，選擇默默支持我，有時候還會對我有一些莫名的擔憂，雖然這解決不了什麼問題，但還是會牽掛著我，從小到大我都是一個無比省心的小孩，這種省心，現在和小時候在他們心裡怕也不是一種心情了。

這一世，我們這般親情關係，目送著彼此漸行漸遠，當然，也終會相逢。

深情如楊絳先生，「我一個人，思念我們仨。」也如龍應台，「我慢慢地，慢慢地了解到，所謂父女母子一場，只不過意味著，你和他的緣分就是今生今世不斷地目送他的背影漸行漸遠。他用背影告訴你，不用追。」

是啊，不用追，緣分深淺，你們之間的默契，也無須借鑒世俗的標準來捆綁裹脅。

Chapter 2

四十不膩的形狀

吶，不如我煮碗麵給你吃囉

畢竟做人最重要的是開心嘛。

我非常不喜歡麵條，因為在我的記憶裡，小的時候，只要我爸爸媽媽沒時間給我做飯，就會用麵條打發我，它是對我這種嗷嗷待哺的小朋友的胃的應付。我媽一旦忙起來，就會說「我去下麵給你吃好不好？」在我媽媽更忙的時候，她買了各種味道的康師傅速食麵，在那個沒有外賣的年代，「康師傅」真的伴我度過了很多夜晚，我可以很負責任地說，康師傅速食麵就是我小時候的深夜食堂。

我對麵條的抵觸還來自於「不好吃」，相比較水煮魚、爆炒腰花等，麵條簡直就是太樸素了。不到萬不得已我一定不把吃麵條作為我的首要選項。還好南京有很多好吃的鴨血粉絲湯可以替代，順便加一籠雞汁湯包，簡直美味。

不吃麵條的歲月一直堅持到大學畢業。第一份實習工作，簡直忙得人飛起來，好強如我，不甘落後於其他一起入職的同事，於是花了比別人多的力氣。如果很晚下班，大街上能吃的東西，除了蘭州拉麵就是沙縣小吃了。人類總會被逼到某種絕境，然後向命運妥協，跟填飽肚子相比，那些個不吃麵條的小傲嬌啊，覺得麵條難吃的小驕傲啊，通通放下。進去店裡就豪氣地跟老闆說：「來大碗麵，雙份牛肉。」

如果是冬夜的晚上，凍得小臉兒通紅，從戶外進到屋裡，胡吃海塞下一碗刀削麵，那時啊，吃的不是面是滿腹的溫暖和滿足啊，如果加了一點辣油，吃了一會兒便渾身冒汗，然後鼻涕啊汗水啊，都被逼出來了，一邊擦著鼻涕，一邊喝湯，這種暢快或許可以趕走一整天工作的疲憊。

後來出差幾乎去遍全國地級市，吃了很多種麵條。其實，麵條到底有多美味，或者說想到就會流口水呢？倒也未必見得，只是你會因為這些食物聯想到那些年發生的人和事，以及你覺得值得惦念的美好。食物這種東西，金碧輝煌的飯店未必比路邊攤好吃，上海外灘一至三十號未必能讓人吃出貴族的心境，大部分時候你覺得對的食物是因為坐在對面的是對的人和對的談話內容。

看過《深夜食堂》的人都知道，「泡麵三姐妹」總是點泡麵吃，並且要喝完湯，嘴要吧唧出聲音來，才是對泡麵最大的尊重。港台電視劇總是有這樣的台詞：「做人嘛，最重要的是開心啦，不如我煮碗豬腳麵線給你吃。」小時候看港台電視劇不懂為啥一定要吃麵，被哄的那一方便會開心，後來長大了覺得，能有人為你做一碗熱乎乎的麵條，裡面加很多大補的食材，頂配的一碗麵治癒了我們的胃，我們才有可能擁有頂配的快樂。

週末出去幹活，看到很久沒有去的蘭州拉麵，就進去點了碗牛肉刀削麵，可能是很久沒有吃了，覺得它簡直是人間美味。晚上回去，路過烏龍麵館，你懂的，日式的裝修風格總有昏黃的光，穿戴整齊的做麵師傅，這些就會給那碗麵很多的尊重和儀式感，然後你就覺得你得像模像樣地好好吃那碗麵。

去廈門出差，和同事去吃沙茶麵，看著它們糊在一起，也吃出自己的小滋味，一幫人聊著吃著，有說有笑，我們被食物賜予了滿滿的能量。當年一起去廈門出差的同事，如今在身邊的還剩一個，但是我會記得在廈門繁華的充滿小吃的路邊一起吃沙茶麵的情景。

蘇州的麵條也是非常有名的，麵條非常細，即使是一碗簡單的醬油麵，也是極其美味的。跟袁總出差，他一直稱讚蘇州人吃麵，早上起床很多蘇州人要吃一碗頭湯麵。另外蘇州人在做麵的時候醬油的運用也是一絕，在別處是吃不到的，再加一點胡椒，這口感絕了。我呢，還是很少吃麵，袁總非要給我兌著湯料弄一碗，吃完一定要採訪我的感受。當下吃完那碗熱麵，彷彿有了一身對抗世界的勇氣。

在蘇北地區流行一種叫「長魚麵」的麵條。長魚也叫軟兜，也就是黃鱔。用昂刺魚（黃顙魚）燉湯，燉的連魚刺都融化在湯裡，湯特別白，配幾片被料理好的軟兜和韭菜，以及萬能提鮮的胡椒麵兒，這麵也是很多人的最愛，我的朋友圈就有一批它的粉絲。

我回南京的話，很多朋友喜歡請我吃皮肚麵。南京的皮肚麵就是要配以大塊的皮肚（乾肉皮，是將鮮豬肉皮曬乾而成），麵呢，必須是非常筋道的手擀麵，裡面還要有番茄、青菜，雜七雜八一大碗，新街口到科巷還有明瓦廊附近有好幾家不錯的麵館。確實有一種別處沒有的鮮美。

熱乾麵也得記上一筆，在高鐵還沒有通武漢的時候，以前公司的小夥伴坐好長時間的火車從南京到武漢，只為了吃一碗熱乾麵，吃完就打道回府，聽完我都驚呆了，這是怎麼樣的一種吃貨精神，熱乾麵到底有怎麼樣的魔力？我第一次吃熱乾麵是跟在武漢的小夥伴——喊子一起，她帶著我們走街串巷地到了一個路邊攤，給我點了一碗蟹腳熱乾麵，據說這在熱乾麵的配置中算是很不錯的了。聽說，大武漢的人們都要恰①一碗熱乾麵過早。第二次吃熱乾麵就真的是我的「深夜食堂」了，在武漢分公司忙了一天，沒有給自己投餵什麼食物，晚上在大武漢江邊的小攤子上，和朋友喝著精釀啤酒就熱乾麵，這是屬於我們倆的友誼。

昨天去上劇場看《圓環物語》，有關飲食男女，關乎食物，關乎愛情，走的時候主辦方給每個觀眾上了一碗蚵仔麵線，吃完身心都滿足了。於是，就有了這篇文章。

食物本身是沒有情緒的，它是我們當下心情的映射。畢竟做人最重要的是開心嘛，願你們吃到讓自己開心的食物，睡到想睡的人！

編註1 「恰」飯是贛語、湘語、湖北方言，是吃飯的意思。

一座城池，搖搖晃晃在人間

梁文道常說：「每一次閱讀都指向一次旅行。」
我早已不豔羨說走就走的旅行，
但是總會期待每一次的出發，都有新的收穫。

如果給你一次機會，選擇中國的一座城市去生活，你會選擇哪裡？

我會選擇重慶，因為這裡有自由閒散的氣氛，不緊不慢的生活，沒有成都的商業化和程式化，就像GAI爺①的歌一樣，老子活著就是要肆意開心，誰也甭擋著我樂意。晚高峰打了一輛計程車，司機師傅覺得不順路，影響他吃飯了，便驅逐我下車。在上海司機怕是不吃飯，也要給我拉過去，畢竟一睜眼生存壓力放在那裡。

方所書店自然是要去一去，你知道它不會讓你失望，但是你還是很想知道它到底可以驚豔到什麼程度。你坐在方所的咖啡店裡，點一杯手沖咖啡，看著人來人往，拿幾本別處買不到的港台書籍，你看著對面轟轟烈烈滿滿當當的書架，內心特別充實。

楊絳先生在《我們仨》中描寫一家人讀書的場景，大意是：我們仨每人拿著一本書，居於臥室的一角，安靜地讀著書，間或抬起頭，撞到彼此的眼神。在方所也有很多好書之人，沉迷閱讀，抬起頭來相視一笑。方所確實是個有點趣味、有點要求、有點考量的地方。書店的文創區和書的品類，在國內書店想來也是排名前列的。

搖搖晃晃坐了一個小時的公車，很多年沒有坐過這麼久的公車了。聽著廣播裡面傳來的重慶話「好巴適」、「耍一哈」，親切極了。終於到了川美附近的塗鴉牆，還是被小小地震撼了一下，連續好幾棟樓都是滿牆的塗鴉，好像倫敦的 Camden Town ②。路上會遇到全重慶最好吃的胡記蹄花湯，下午兩點多，還是滿屋子的人。

黃桷坪站，下了公車，沿著坡路往上走，裝置藝術的門口，看到四川美術學院幾個字。它是中國八大美院之一，藝術氣息自是不必說，進門各種雕塑，塗鴉，各種矮矮的房子，爬山虎布滿了，藝術創作就該在這樣的房子裡，有大大的窗子，有歲月的流逝，有日月的交輝，有春夏秋冬的變換。走進川美你能看見一小撮建築，那裡是民國時期交通大學渝校舊址。後來交通大學分成了上海交通大學和西安交通大學。

重慶的美食自是不必說，吃在重慶真是幸福感爆棚！李記串串，本地人都說好的串串店，感覺自己吃了好多好多，而物價感天動地。吃串串必須得搭配個冰粉兒，解解辣。重慶小麵才六塊錢一碗，一早上吃六碗也不心疼，早飯還可以點一碗榮昌鋪蓋麵，配上點豌豆雜醬，美味。鋪蓋麵很寬，我懷疑是陝西的褲帶麵傳過來的，因為這個重慶話發音問題，變成了「鋪蓋」。隨便走進一家燒烤店，好吃到讓你眼淚掉下來。陳友良尖椒雞也要去嘗嘗，才不虛此行。絕味鴨脖和周黑鴨，在重慶美食面前，可能算是弱勢品牌了。

重慶的火鍋和四川的火鍋總是要拿出來比較一番。個人而言，更喜歡重慶的老油火鍋，在大重慶，四川火鍋是沒有辦法立足的。重慶火鍋是不添加香料的，靠的是食物本身散發出來的香味，所以重慶火鍋吃完，身上一般不會有味道的。四川火鍋，因為不是老油，味兒是不夠的，需要加一些香料。重慶火鍋是平民文化，取材多是人家看不上的食材，進行加工處理而變得美味。包括桌、椅、板凳、老灶，都是非常樸實的感覺。四川火鍋就更加精細一些。而且你們吃過應該就會發現，重慶火鍋是不收鍋底費的，但是四川火鍋是收的。

重慶的地名大約是全中國最直白的：灘、坪、壩、沱、灣，地名多以這些結尾，這些都表明一種地貌。重慶大概是最適合坐公車去遊玩的城市了，因為你能看到高高低低的地貌，看到山城棒棒，看到不經意的就多了一個建築，看到輕軌在樓宇之間穿梭。在這座城市，高德地圖被虐成渣，導航非常不好使，所以如果要出去遊玩，問一問重慶的美女，她們會很熱情地用重慶普通話給你指路。重慶的美女吵起架來，超高的八度，華少的語速，氣勢上已經碾壓一切。

重慶這座城市，地理雜誌上說：是一座對恐高症不太友好的城市。對，我就有恐高症，我在高的地方腿會一直抖，但還是要去李子壩八層樓高的地鐵站看看，我還是要去坐長江索道。我想看不一樣的視角，我想感受每一次戰勝自己弱點的快感，這就是傳說中的搖搖晃晃在人間吧。如果要去坐長江索道的朋友，一定要記得坐地鐵先坐到嘉陵江對岸往回坐，不然江這頭排隊要好幾個小時咧。

要去去十八梯，感受下老重慶的氣息。電影《從你的全世界路過》中白百何和楊洋有一場追歹徒的戲就是在這裡拍的。要去嘉陵江邊上看看，戲裡小岳岳和柳岩表白的戲是在那裡拍的。抬起頭就是洪崖洞，感受那般的燈火輝煌，而你腳踏實地在人間。

怪獸酒館，據說是有民謠歌手駐唱的，我去的時候，沒有什麼人，想來顧客都是慕名而來的，點一壺青梅酒，聊聊人生，便都散去了。去堅果 Live house 看看，說不定有你喜歡的樂隊，如果喜歡 GAI 爺，搜搜他常出沒的酒吧，說不定來個偶遇，跟他說一句：「老子吃火鍋，你吃火鍋底料，對你笑呵呵，因為我有禮貌。」

還有一些景點，攻略上會提及，但是從我個人角度來說，可以作為次選項。比如，磁器口就像西安的回民街，還有南京的夫子廟，上海的城隍廟，並沒有那麼的吸引我，就連賣的小吃都是一個風格的。解放碑在重慶沒有高樓林立的時候，是重慶的地標性建築，當解放碑附近的商場高樓建起來後，就變得非常普通了，甚至不太起眼。渣滓洞、白公館是在一起的，如果對這段歷史不太了解的話，建議請一個導遊講解下，不然自己也看不出所以然來。

站在觀音橋附近，對面是一個很陡的斜坡，晚上很多車開著燈，向我俯衝過來，很有視覺衝擊力，彷彿它們立馬要汽車人變身了。

到處是火鍋串串的味道，即使坐在星巴克附近，也有一種怎麼是火鍋味兒的抽離感，走過了一個又一個坡，從方所書店出來莫名轉了一圈又遇到了西西弗書店，即使走錯了路，你還是覺得，這座城市有那麼多可以發現的美好。啃著十塊錢三個的雞爪，你就覺得幸福差不多就是這樣吧。

一座城池，十二分的美好！

編註1 GAI，本名周延，中國嘻哈饒舌男歌手。

編註2 英國倫敦四大古市集之一。

都市人的孤獨形狀

那光溜溜的樹枝細細的、孤零零的。

書讀多了難免酸腐且矯情，有時候我也會唾棄這種氣息。與不同的人喝酒，卻也讀出不同層次的孤獨，有通透的，有擰巴的，有發酵的，有清冷的，品種豐富的好像麵包房裡的麵包。

某天談事情，遇上一個一九七六年生的中年文藝大叔，我們可能差著很多代溝，成長的地域也有區別，我們所涉獵的文學作品也不盡相同。這大概是我至今為止和他人最文靜的一次交談了。我想我還是要尊重前輩的，前輩滔滔不絕地講了兩個小時，大意是說：寫手脫穎而出的十八種方法。中年文藝大叔極力推薦了陶立夏的《分開旅行》，說讀出了華麗的孤獨。我好奇呀，一般中年大叔們會推崇金庸、陳丹青、李敖之類的才子作品，彰顯自己的文學造詣，可他推薦一個小妮子，內心深處可能少女心氾濫吧？

後來，我買了陶立夏的書，是有孤獨的味道，甚至是清冷、寂寥的感覺。不是如朴樹說的那般，孤獨是三角形的。我覺得孤獨是流動的，是某時某地都會發生的，你對著天空嘆了口氣，呼出的白霜，那就是孤獨的樣子。那本書裡有愛情，有一種我喜歡你，但是我參不透你的決然，或許文藝大叔讀出了自己。

而在我和文藝大叔見面之前，他好像遭受了一次心靈上的暴擊，因為他聽聞前女友生孩子了。他回憶說，在他的記憶裡，他覺得他前女友絕對不是那種會結婚生孩子的脾氣。於是他發了一個朋友圈表達情緒。生完孩子的前女友，一定無心顧及前任，畢竟帶小孩是一個非常苦累的事情，男人們好像有時候總是高估自己在前任心中的地位。

我們分手了，我以為你還在原地，轉身卻發現你周邊熱鬧，而我形單影隻。

無人能懂，是另一種孤單，是自己想要洞見生命奧義。可是世界那麼吵啊，牽絆那麼多，心有太多紛擾，看不清生活，看不到未來是否有光，看不清自己想要什麼。就要這樣生活嗎？這麼迎合嗎？就是要努力賺錢嗎？世界混濁濃稠，看不清每個人的樣子，面具男女們苟且活著，無法參透自己，無法解釋自己到底要走向什麼樣的遠方。

比一個人更孤單的，怕是思念另外一個人了。思念就是孤單的深淵，像一個黑洞吞噬著你。偶像劇好就好在可以有多個視角圍觀兩人的愛情。生活中的戀愛沒有那麼多的視角可供參考，你的思念是否抓耳撓腮，對方是否漫不經心，完全無從考證。

冬日，可能更容易體察孤單。蒼茫天地，想說卻沒有說出口的話變成凝結在空氣中的白霜，清冷的月光，刺骨的寒風捲起零星乾枯的樹葉，繾綣，像極了心情。透過月光，那光溜溜的樹枝細細的、孤零零的。

冬天讓我有一種在浪蕩世界的心願還沒有實現，我就老眼昏花地頹了的感覺。每年冬天我都想歸隱山林，趙老師說，我六根不清淨，歸隱不了！

嘆氣，猶見孤單！

Chapter 2
四十不膩的形狀

不，期而遇

梅子井的小院兒，
有花有樹，蔥蔥鬱鬱，
陽光透過樹枝的縫隙透下來，
弄花了臉，卻點亮了夢。

大理的孩子，很少是大理土著，而是想過閒散人生的都市人。可是何為閒散，人各有不同。大理是個產故事的地方，這些店家每一個都有一籮筐的故事。諸如，去年和男朋友來了這裡，今年卻分開了，然後拜託店鋪老闆，能不能幫忙寄一封信去挽回你的愛情。這種輕薄的儀式感，多半挽回不了什麼愛情，多半是感動自己，而不能打動男生。

風花雪月也是由人審美而定，蒼山洱海，月亮自掛天上，看到這些人們便心生美好的情感。景色的情感，都是由人賦予的。

他們每天正常生意，看著過往的妹子、帥哥，他們時不時撩一下進來的妹子，那是他們生活的一部分，畢竟大理太過於無聊，可是又眷戀這片閒散。我問六哥，為什麼當下要騙我們聊天？六哥說，就覺得你們跟別人不一樣，挺有意思的。這就是不期而遇，店家在導演劇情。

故事有的主角是曾經的自己，初戀，狗血，打架，支離破碎，因為這風月，修復了曾經的自己。或者聽到客人酒後三巡的故事，發現居然比我的更狗血，幸福是比較級。故事的主角有時候是客人，那些失戀的，單戀的，不戀的，想念的可能會去某個小酒吧買醉，老闆禮貌陪酒，客人也會訴說衷腸，陌生人而已，丟面兒的成本太低，說說也無妨。大夢初醒，也不記得昨兒瞎說八道了些什麼，反正隔日醒來，大可不必認真。

「大冰的小屋」的樹洞，那是盛產故事的地方，有人想說自己的奮鬥，有人想說自己的過往，總之，每一個人都可以是主角。我願意去花錢喝酒聽故事，好像我自然地背負起這樣一個記錄者的功能。私心似乎有點重，「野孩子樂隊」的老炮兒們會神出鬼沒在一個九月的酒吧。大冰會在深更半夜出現在小屋的樹洞，給我們唱過去的歌。天高，月朗星稀，悠遠深沉的男聲。

梅子井的小院兒，有花有樹，蔥蔥鬱鬱，陽光透過樹枝的縫隙透下來，弄花了臉，卻點亮了夢，紅色的、玫紅色的花，在你的桌子旁邊，對面坐著可心的人，隻言片語，心照不宣，聊聊無關痛癢的話。年輕的我們，都是最美好的。

你出了塵世，便很難和這片土地再去連接。

而曾經喝著酒的，那些有故事的店家，會在酒過三巡時，跟你吹牛，那些半真半假的故事，便如水中月一樣。抽離出故事中的自己，我們還是相安無事的路人。畢竟成年人的世界，太多的武裝，穿上盔甲我們便沒有習慣脫下。

你離開大理，人生便要另起一行。

Chapter 2

四十不膩的形狀

不膩歪的粉紅泡泡

作過的死、戀過的愛，

一切都能說散就散。

Chapter 3

曖昧的七上八下

愛情的力量讓小魚的腦子開足了馬力，
就往彎彎身邊撞啊！

「那男的叫啥？」
「叫彎彎。」
「叫啥？」
「叫彎彎啦。」

「這，他到底哪裡『彎』？你們還搞一起？」

「我最近算了一卦，那個神婆說我的結婚對象，性格內向，在外話少，面對熟人話多，性格倔強，大男子主義。這麼看下來簡直就是彎彎本尊了！」

「那，所以呢？」

「所以，咱們跨年去廈門吧！」

「廈門？這地方我去過N次了，你也去過N次了，到底有什麼值得在跨年的時候去的？」

「你就說你去不去吧。」

「我不去。」

我掐指一算，此事定有蹊蹺。肯定是奔著那個叫彎彎的直男去的。

我反過來問丫，丫說，怎麼可能呢？你想啥呢？（此處留作日後打臉。）

丫找了一堆幌子，自己去工作去了，還路邊隨便找了一小孩就拍照，發朋友圈，還定位，說自己在廈門美好的夜色中之類云云。

這條朋友圈就顯得很重要了，定位尤為重要。出差在廈門的彎彎上線了。

「在廈門嗎？要不要一起跨年？」

小魚抱著手機螢幕樂開了花。來就是為了這句話，劇本裡面本來的設定也是這樣的，女人在談戀愛的時候，自己既是導演，也是演員，就看對方配不配合演出了，願意配合了還有三分情誼的曖昧。

當然這些話，小魚在計劃的當下是絕對不會跟我透露半點劇情的，畢竟要是失敗了，我可以笑她一整年。

「你當時咋想的？」

「他出差都好久了呢，好久沒見面了，要是能見面了，那就是完美。要是見不著呢，我只能自己矯情在劇本中，默默地在同一個城市，想著能跟他呼吸同樣的空氣也挺好的。」

距離小魚發完朋友圈有幾個小時了，因為沒有接收到「有效訊息」，她就自己去了鼓浪嶼。去過廈門的人都知道，去鼓浪嶼需要坐渡船。一個女生，孤身一人去廈門找愛情，在坐船的那個當下，愛的那個人的人影還沒有出現，她自己漂泊在海上……多像偶像劇的設定，這個時候必須放一個全景，背景音樂就是《漂洋過海來看你》，再切一個近景，是女主角失落的臉龐。

戲劇衝突往往就在這裡，手機必須在這個時候「叮咚」那麼一下，打破氣氛，手機上寫著：「你在廈門哦？你不會是來找我的吧！你晚上有工作嗎？有別的安排嗎？」

小魚內心：「老娘就是來找你的，我漂在前不著村後不著店的海上，你才給我來訊息，你幹什麼吃的？」

但表面當然得 Peace & Love。

「沒有啊，我來工作。我現在在去鼓浪嶼的路上。」然後錄了一段汽笛聲。畢竟說專門來製造跟你的偶遇的這種話，小魚是開不了口的。

我後來逐漸知道了彎彎雖然生理上很「直」，但是腦子很對得起這個外號，很彎，宛如山路十八彎。當然，兩人曖昧的時候就是這樣啊，想讓對方知道自己的心意，又怕嚇著對方，又著急著讓對方知道，又小心翼翼地呵護著。

莫名想起小學讀的《西廂記》。張生真是生猛，拿著凳子就翻牆了。在封建社會，他已經做得比現代人優秀了。

彎彎就繞著彎兒說：「你要是在島上就注意安全啊！不要來回跑了。我明天一早還要工作，沒辦法見到你囉，抱歉哦！」

你能體會到這種大寫的失落嗎？明明來就是來見他的，什麼各種客觀外部條件，給生生塞回去了。小魚算是硬氣了一回。發了個生氣的表情，管點用，對方立馬一個定位就發來了。愛情的力量讓小魚的腦子開足了馬力，就往彎彎身邊撞啊！

小魚說：「我到樓下了！」

彎彎說：「你等我下！」

彎彎喊了聲小魚。彎彎頭髮還在滴水，他穿拖鞋就奔出來了，丫洗澡洗了一半。

總覺得，此刻應該響起一首「You Are My Destiny」。

他們坐在沙發上有一搭沒一搭地聊天。

「好喜歡元旦哦！」

「為什麼呢？」

「因為，有儀式感。還有四分鐘哦！」

時間到了零點，彎彎舉起酒杯說：「新年快樂！」

小魚的陰謀得逞了，元氣滿滿地說：「新年快樂！」

此刻，她一定覺得自己的幸福像是要溢出來一樣，人生如此圓滿。

酒店外放起了煙花，他們一起站在窗前看著煙花，很美，就像此刻的心情一樣。

這一天七上八下的心情，就是曖昧。

Chapter 3
不膩歪的粉紅泡泡

兩隻貓的戀愛

不要給愛扣太高的帽子。

廈門一別，又是數月過去了，都市人的戀愛都跟玩兒一樣。不是必需品，是奢侈品。你看著他們建立聯繫，有一絲絲眉來眼去的勁兒，但出差外派，工作進修，就把那剛建立起來的眉來眼去，吹散到視野之外了。

魚小姐被外派到「帝都」工作數月，被關在一個鳥不拉屎的地兒，好幾環以外。彎同學這一鋼鐵直男，被派去USA了。

時差加上兩人超負荷的工作，眼瞅著這一齣老鹿蹣跚的戲就要被距離整「黃」了。小魚這兩個月來跟我聊天的內容除了養生和保持女人的性吸引力以外，沒有一點兒關於戀情的消息。我偶爾斗膽問兩句，一看小魚敷衍的勁兒，我就覺得他倆涼涼了。

小魚自從這愛情的小火苗熄滅之後，就非常在意保養這件事，我們談論的話題從男人轉移到了整容。我一「鋼鐵直女」，基本上對於最新的整容技術一無所知。他倆絕對是「友達以上，戀人未滿」的後遺症，病灶一樣，病根也一樣。

等我倆扯完整容的話題之後，我們又換回男人的話題了。撇撇嘴，「真俗。」小魚貓著說：「能不能給我介紹一個男人？」天吶！劇情走向這麼突然，這就告別錯的要和對的相逢了？

我搜搜朋友圈的男人，發給她一些照片，聊以慰藉。

她悻悻地說：「我大概就是要放棄彎彎了。畢竟現實擺在這裡，我們倆連個見面時間都沒有，談什麼戀愛啊！」

這大概就是現代人的戀愛吧。並不是真的佛系，是自己都顧不過來了，哪裡還有時間和精力修整一塊廣袤的土地，讓心愛的人兒生根發芽呢？

「彎彎給我發訊息了。」

每當收到這個訊息的時候，我八卦的臉就再現江湖。

「他好討厭啊，我都決定要忘記他，另起一行了，為什麼他又出現了！」

「那他說了什麼？」我八卦的本質當然是了解細節。

「他說跟我相處很舒服，我對他是很重要的人，不是不在乎，是很多事情沒有想明白。開始的開始，他想很慎重。」

你是要跟他這麼廝混下去嗎？還是就把他拉黑了？

小魚超級沒有出息地說：「他劈裡啪啦發來一大段話，我看完之後，特別感動也特別茫然。」

「你這個意思就是，你還是要跟他發展下去囉？」

「他說：『你得把我當成一隻貓。我的貓愛上別的貓了，但是我還是得愛我的貓』。」

「你懂他在說什麼嗎？」

「可是我也是一隻貓啊！」小魚憤憤地說。

「兩隻貓在一起要怎麼戀愛呢？我本質上是一個薄情的人，愛少得可憐，僅有的一點愛，要放在哪裡呢？」

對啊，要放在哪裡呢？是一個遼闊又親密的距離，但是並不妨礙我喜歡你，就這樣。

貓是如何戀愛的？一隻貓要走進另一隻貓的心裡需要很長時間，牠們敏感而獨立，牠們需要很多很多的愛，你跟牠玩兒的時候，牠全情投入。你不跟牠玩兒的時候，牠在角落也會很好。貓們愛嫉妒，我的領域是不可以允許其他貓進來的。

放眼去思考一段男女關係，我們彼此需要什麼呢？答案是什麼都不需要，理由是我們都能很好地照顧自己，那就更自由地戀愛吧。

不要給愛扣太高的帽子。因為本著負責的態度，我怕彼此失望。如果不懷揣著非常大的希望，那麼這段愛情就是自然而然地發生，不為什麼，就為了好好愛一次，這種愛是不是很高級？

像兩隻貓的戀愛，是現代人的溫情與善意。

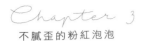

那些醉後撥出的電話

三年多過去了，
那些劣質的口感和酸澀的氣味都揮發掉了。
我相信時間的力量，
更堅信愛情的美好。

醉後給別人打電話，我好久沒幹過這樣的事情了。

我也很久沒有接到別人醉後給我打的電話了。

有一天，小魚喝完酒了，醉得不省人事，給一心愛的男士打了一個電話，絮絮叨叨，說了一堆表白或者委婉表白的話，這是我猜的。

我說，你丫夠了，能不能不要這樣沒有出息。

她說，因為我戀愛了，是不是特別神奇！

「談戀愛倒是不神奇，你一把年紀談戀愛還一副少女懷春的樣子，在下實在是佩服。你知道你這叫什麼嗎？」

「老鹿躪跚！」

「這詞兒什麼意思啊？你倒是說說啊！」

「這詞兒啊，說的就是你們這大齡青年，經歷過一波又一波戀愛，不比年輕時候小鹿亂撞了，心臟也不是那個心臟了，只能躪跚了。」

我嘴上笑著吐槽，內心還是覺得無論在哪個年齡段發生的愛情，都是非常珍貴的東西，只要是戀了，甭管小鹿還是老鹿了，心臟看到喜歡的人之後，老愛亂溜達，這種情愫激起來的荷爾蒙就是很美。我認識小魚這麼些年，我倆互相稱「哥」，在我們強悍的世界裡，策馬奔騰。這回之後，我看到了小魚珍貴的柔情，彷彿周身都散發著聖母瑪利亞的光芒。

你說不清道不明她的變化，你就是覺得她是美的。

我天天跟小魚聊天，我說：「別說了，務必拿下，這個時候，為了全壘打，誰還不是個心機婊啊！」

我天天給她出主意，她天天帶我出去兜風，胡吃海塞，開拓思路。這個結果就是，我倆的革命情感日漸牢固，她的情感問題，進展龜速。

「你告訴我，問題在哪兒啊？」

她說：「我們在一起就沒話說了，好像，隔著手機螢幕還行。」

「你還有社交障礙啊？還是咋的！你試著撒撒嬌呢！」

小魚同志，賭上一輩子的節操也幹不出這事兒。

我一直覺得，談戀愛會讓女人變得柔軟。但是我覺得小魚像一個戰士，就是時刻準備上戰場的感覺。

我說：「你這樣哪裡有戲啊。沒有互動談什麼戀愛啊！你以為你是一獨角戲演員，下面是觀眾，你演完了，你心愛的人就來獻花啦，沒有的事兒。」

男人和女人對待愛情的感知完全不同，或許大家都不知道自己真正喜歡的人會是什麼樣的。但是，不喜歡的人分分鐘就能擇出來。

我說：「那你撥通了電話，說了些啥啊！」

她說：「啥也沒有說，一直哭一直哭，說啥完全記不清了！」

「不是酒壯慫人膽嗎？喝完該說的不該說的，痛痛快快的！那些清醒時候說不出來的肉麻玩意兒，都得借著這酒勁兒才行呀。」

「說的就是呢！可是我接通電話後就一直哭，當時旁邊十來個圍觀我的人。我老覺得這些話吧，就該清醒的時候說，才會是表白應該有的樣子，喝多了說，那就是傻×本人了！」

「你哭完啥感受啊，爽嗎？」

「就覺得狂丟人，正常人幹不出這事兒了！也就是我了，現在那人要是站在我面前，我是沒法直視的。」

「我去，合著您演獨角戲啊！」

「也不是吧，我啥情況你也了解了，我反正堵在心裡的那些一直想對他說的話，反正老娘說了，就會變得釋懷一點點了。」

我一直在琢磨她打這電話是什麼感受，那些在心裡排練很多很多遍的話術，那些打了很多次腹稿的表白詞，最後有悉數地表達出自己的心意嗎？對方能明白嗎？那一刻，飽滿的情緒會在說完之後，空虛的猶如事後菸一樣嗎？還是電話接通的那一刻，你那鼓起的十二分勇氣，就像被扎的氣球，瞬間就癟了？或者緊張地開始了大型的詩歌朗誦現場比賽？是把高中語文課本要求背的文言文都來一遍，還是大段地背誦英文台詞？還是就是哭？那邊的電話也沒有掛，聽著你哭，他陪著你，不為別的，就為再也回不去的青春。

小魚說：「我認識你的時候，用劣質的青稞酒泡了整整一罈楊梅，當年選的是八月寧波新鮮的楊梅。」

「你想表達什麼？」

「三年多過去了，那些劣質的口感和酸澀的氣味都揮發掉了。我相信時間的力量，更堅信愛情的美好。」

「你品品，它很柔。」

每個人的青春裡，可能都得有一段醉酒後打電話給別人或者接別人電話的經歷吧。

不管最後你們有沒有在一起，數年之後，你可能歷盡千帆，閱人無數，但那個醉酒後給你打電話的人，會是你記憶中無法忘記的純真。

我本來給她起的化名叫米粒，那丫不滿意，喝著酒隔著螢幕跟我說：「老子要叫小魚。」

我說：「為啥？」她說：「我有一天去逛菜市場，看見一條魚，奄奄一息。老闆一瓢水，那魚就撲騰撲騰兩下好像在說：『你看你看，我還活著！還活著！』每次我想放棄了，他就會做點讓我放不下的事情，不讓我死，又肯溫柔豢養我。」

愛情啊愛情，人都被你鞭策得詩意綿綿了。

Chapter 3

不膩歪的粉紅泡泡

錯過還不是因為慫

實際上，
愛情從未平等。

今天是情人節，對吧！
小魚同學在華北平原出差，大為稱讚，有暖氣，一級棒！
然後就開始哼哼唧唧。
「野哥，情人節快樂啊！」

當時，我在談一個項目，匆忙打發她。

「好的，你也快樂！」

「我不快樂！我沒有情人！！！」

這幾個感嘆號傳遞出來的失落以及內心哼哼唧唧的彆扭的情緒，遠在江浙滬包郵區的我，也被波及三分，趕緊安慰她！

小魚說：「但是，我剛才厚著臉皮給他發了一個比心，我現在非常忐忑了，但是我還是做了！」

基友這個時候最需要做什麼？是鼓勵啊！

我趕緊說：「很好，你非常勇敢，愛就愛了，思念就思念了，要表達！」

「是啊，我豁出去了，還有比一邊打電話一邊哭那次還丟人的事情嗎？懶得想那麼多了，反正想了也沒有用。」

明明內心戲很多，嘴上卻雲淡風輕，看淡一切的釋然樣。

我連忙說：「不會的，不會的！你做得很好！恭喜你啊，你終於從那個小黑屋中走出來了。」

那個「小黑屋」是什麼呢？

姑娘們喜歡一個人的時候，總覺得自己這裡不太好，那裡不太好，莫名其妙地變得謹小慎微，總想著以更好的姿態出現在他面前。平日撒嬌的、嬌嗔的、撒潑的、活潑的那個人變得好像愛琢磨了，愛琢磨他到底喜歡什麼呢？微信發出一個表情都要反覆斟酌，標點都帶著語氣的設定，一句語音都在心裡演練數遍。可是，他如果喜歡你，即使你傻得冒氣，他都會用憐惜的眼神看著你。

很奇怪，喜歡一個人就會讓自己變卑微。平日裡，這丫沒少嘲笑我，這會兒跟喪家之犬一樣，神氣的樣子蕩然無存。

她心事重重，我既心疼又會覺得這是她該經歷的東西。我很想衝到那個男生面前幫她問：「你到底喜不喜歡我們小魚啊？你到底在想什麼？」可是我幹嘛要做這樣的事情？感情是他們兩個人的事情。

小魚覺得她沒有完全從「小黑屋」走出來。自從上一次打完電話後，她覺得是不是她和那個男生之間沒啥可能了，有一種「撒手人寰」的感覺。那個傻到極致的電話都打了，釋然了！

這孩子語文是體育老師教的嗎？撒手人寰這樣的詞彙，用在這裡。那她是用怎麼樣一種絕望而又堅挺的心情在情人節那天給對方發過去一個比心的表情啊？

我說：「你每次笑我的時候那麼倡狂，你看看你自己慫成什麼樣了？發個比心？自己是紫薇附體了嗎？」

「好糾結啊好糾結啊！！！感覺好多女生喜歡他啊！會不會每天都有小姐姐跟他說『小哥哥我愛你』之類的話啊！」

當你覺得他是個寶貝的時候，未必全世界的女人都會覬覦他，OK？真當他是手心裡的寶啊！每天腦子裡還有那麼多假想敵，不累嗎？那些個跟你有什麼關係啊？啥都沒有幹呢？就把自己嚇死了！

小魚悻悻地說：「嗯，我的對手其實是不知道他心裡到底想些什麼。」

愛情開始前所有的曖昧難道不都是開始在這裡嗎？猜來猜去，苦思冥想，小心暗示，生怕你不知道那些個我的小心思，對方反射弧稍微長一點，你這一頭，就急得如熱鍋上的螞蟻了。其實，也就是你發了個比心，對方五分鐘未回覆，你好像是過了一個世紀一樣漫長。

小魚說：「哎，這算戀愛嗎？一點都不好玩，都是好痛苦的回憶哦。」

終於，等到對方回覆你：「情人節快樂啊！」你拿著手機傻笑半天，就停留在這個頁面，來回翻看，更期望他還會有下一條回覆吧！只見對方「正在輸入」了半天，為什麼還沒有發過來一條訊息，又開始想「他到底是在編輯什麼啊？」

痛苦？可是你的描述都是幸福的字眼和詞彙，以及傻呵呵地笑啊。哪裡痛苦啊，你現在還在拉扯中啊，等你過了這一關，走入了人生的下一個階段，再去下結論吧。那個時候的你，才會是稍微理智的情緒。

把我們交給時間吧，時間會給你答案！

「我吧，覺得跟他聊天不如跟你聊天開心。」

我得瑟道：「廢話，我就是一相聲演員，說話都不帶落地的，能一樣嗎？」

「我今天給他發了訊息，他回給了我一個表情。我覺得答案已經很明顯了？是不是就是答案了？我覺得我內心有答案了，你覺得是不是啊？」

她已經語無倫次了，車轂轆話來回說。她此時的心理情境，猶如拿一朵花摘花瓣尋求問題答案一樣，沒什麼意義。主要就是為了碎碎念，釋放心裡期待得到答案的緊張心理。

「話說，妹子，這都是你的單方面猜測，不是答案，好嗎？」

「不是已經很明顯了嗎？這答案還不明顯嗎？你好好想想理性客觀地回答我。」

我內心無比嫌棄，啥玩意兒，自己思路混亂成這樣，要求我理性客觀地回答？你平時跟我不是得吧得吧很厲害的嗎？怎麼碰到他這麼慫啊？

「怎麼辦呢？我跟他在一起就會很拘謹。我不知道我是因為有壓力還是真的沒有話題去說。我哪裡知道啊？反正就是沒話說啊！你說，他是不是懶得搭理我啊？」

我換了一種戰術，我說：「我覺得是這樣的，他一定是懶得搭理你了！我看他在網上很歡樂啊，各種和其他人互動，發各種生活照片、視頻。你也別想了，你們不適合，都沒話講了，還談什麼戀愛啊。」

這一招莫名有效，她話鋒一轉，理性多了並且堅定多了。

「雖然，我覺得我可能知道答案了，但是我還是想看看，他出差回來會不會跟我好好聊聊。如果他找我聊會說點什麼。」

「那我也沒什麼好說的了，畢竟你也沒什麼別人可以思念了，你就繼續堅持吧！也沒啥別的方法了。」

「所以，我就很難過啊！」

「有什麼好難過的，這就是你該經歷的，也讓你知道知道，什麼叫錯過，什麼叫愛情，什麼叫無力，什麼叫無奈，什麼叫無能為力。」

我真是絕啊，總說這麼喪的話，其實我壓根兒不知道他們的感情發展到啥程度。可是，愛情這東西，最不是努力就會有結果的事情。你小時候可能還天真地覺得，哎呀，我只要對那個男生好就行了，或許我們就會在一起了。長大之後才發現，兩個人最後要在一起，是多麼不容易的事情。

「可是，可是，我也不知道堅持的意義是什麼。」

學會愛一個人，這是你該經歷和習得的。你覺得有意義就有意義，你覺得沒有意義就沒有意義，原本很多事情就沒有意義，所謂事情的意義都是人來設定的。

不甘心，那堅持等答案就是意義。

「我不會主動，我也沒怎麼主動做什麼，不知道要做什麼，感覺做什麼都不合適。」

實際上，愛情從未平等。總有一個人極力地去把這個事情攛起來。

「可是我還是很難過。問題是現實干擾因素太多了，你能想像得出來怎麼攛嗎？」

「如果，一方的工作很忙，總得有一個人付出更多。你這樣的情況，就是得你主動，看過《妻子的浪漫旅行》①嗎？學學程莉莎，主動，奉獻。」

「我已經很主動了啊，都是我去找他的啊！」

多主動算主動啊，你覺得自己已經盡了所有的努力，實際上呢，你的付出頂多算是，我坐在沙發上，想拿茶几上的紙巾，最多伸伸腳就夠過來了。這叫啥努力？你屁股挪了嗎？你就說自己主動了、努力了、盡力了？

「你就是拿著矜持說自己已經放蕩不羈了，嘖嘖嘖，見不得你這種小媳婦的樣子。」

當然，我不知道他們後來聊了什麼。她這種糾結映照了很多在曖昧關係中的男男女女的心理。哪有什麼錯過，會離開的都是路人。

總有一個勇敢的人對另一個人說：「今天是情人節，我想你了，你呢？」

編註 1 中國知名綜藝節目，二〇一八年開播至今有五季，程莉莎是第一季固定嘉賓。

抽空談戀愛

其實技巧從來都是錦上添花的東西，
認真對待這份感情的心才是最重要的。

小魚和彎彎的戀愛節奏，像玄學。

風雲變化，摧枯拉朽，飛沙走石，讓我感嘆偶像劇都沒有如此的戲劇衝突。小魚經常給我發來關於他倆情感走向的微信，多為三個字後接一些感嘆號，感嘆號的數量由當下的情感成反比，簡言之，愈嚴重，愈沒有感嘆號，你可以理解為，絕望的時候，是沒有符號可以表達那種心情的。

在我頻繁地收到小魚的「又吵架了」的短信之後，我決定稍微摻和一下這兩位把戀愛談得跟過家家一樣的男女主的日常生活。

後來，我參悟到一個真理，就是在當代人的心中，寧願被工作累死，也不願意被戀愛尷尬死。大部分的中國孩子，都是在父母的批評中長大的，變得不夠自信，這種卑微感在兩性關係中被無形放大了，因為這段關係中只有兩個人，如此很多人不知道如何處理兩性關係。簡言之，你別看那些個都市人在工作中人模人樣的，一旦置於愛情的語境，莫名就不知道如何表示了，溝通？撒嬌？在相處的時候，多喜歡簡單粗暴的方式，需要即時回饋，比如兩人吵架了，生氣了，第一個反應是分手，不要繼續了。

上一輩的兩性關係，一般是：經人介紹，差不多就行了，打死不離婚，一切為了孩子。他們的婚姻模式，多半可以理解為搭伙過日子，類似於合夥人模式。這種兩性關係會因為沒有共同的三觀、愛好的支撐，在中年呈現「喪偶式」，到老了發現折騰不動了，也就和解了。在子女教育上，往往是「喪偶式育兒」。這對長在新時代的「八五後」們，沒有太多的參照價值。我總覺得參照上一代人的模式，婚姻愛情都不是必需品，沒有，也行，有了，更好。

小魚和彎彎一吵架，兩個人就愈說愈氣。彎彎說：「你要相信我，我是因為工作太忙了。」小魚說：「我總覺得你外面鶯鶯燕燕沒斷過。」這種典型的吵架語境是：男生希望好好工作，盡快能給女方一個好的未來；女的更在意當下感受，總覺得他不太在意自己，戀愛沒有誠意。

文化背景的差異，成長環境的差異，帶來思維的差異，表達模式的差異。小魚覺得自己要展現新世紀的獨立女性形象，遇事「喀喀」就給你整了。不用擔心我，我非常能搞定自己，啥都不是事兒。彎彎覺得，我作為男生應該照顧你啊，否則要我幹什麼？我會很沒有面子啊，那談什麼戀愛啊？

這有毛病嗎？沒有啊，但是情侶爭吵，通常都是這麼抬杠抬出來的，大家都希望對方理解自己的立場和出發點，對方都是站在自己的角度去構建理想關係。然後，兩人吵架的時候都覺得是對方不懂自己。可是，對方為什麼就應該天生懂你？你自己活了一輩子也未必懂自己，一個才跟你相遇的人，就得百分百懂你的眼神、話語？這在大概率上是不現實的。所有好的情感，不是妙手偶得，而是巧手經營。

時代在進步，人的素質在提升，戀愛的方法論，也可以做一些反覆運算升級。非要用那些個「一哭，二鬧，三上吊」的把戲，電視連續劇看多了的現代年輕人也是有一定好壞標準的。所以，在戀愛的早先時期，我們要做的事情是構建語境。一旦雙方遇到事情產生了分歧，首先應該表達感受，其次，要拋出問題，第三，尋求彼此認可的解決方案。比如，本來定好的幫一方慶祝生日，因為另一方公司突如其來的狀況，沒辦法進行了。如果對方生氣了，當然是可以理解的，畢竟很早就開始準備了。

等另一方把應急的事情處理完了，生日慶祝「放鴿子」的事情當然可以拿出來說一下，比如：「我的情感上，當時挺難受的，但是想想你也沒有辦法，所以，你現在要怎麼補償我一下呢？」這就是在拋出問題，尋求一個雙方都認可的解決思路，如果對方在點子和創意方面不如你，你倒是可以拿出幾套你最近想要做的 Dream List，供對方選擇。這樣就構建了一個相對和諧的語境。

很多人說，我磨不開面子。是因為自尊不允許你撒嬌，不允許你看起來很在意對方。一直端著，計較得失，無法有一個平等的語境，這樣的心態，可能很難擁有一段好的戀愛。親情友情愛情，不管是哪種情感，都一樣，所有的事情發生在這些情感關係之間，都是催化劑，可以讓關係瞬間分崩離析，也可以讓關係更加牢固，區別就是彼此的溝通效果。

我給小魚上了兩次「愛情輔導課」。她看起來明朗多了，重新構建了他們在吵架之後的溝通方式和話術技巧。其實技巧從來都是錦上添花的東西，認真對待這份感情的心才是最重要的。想想彎彎要過生日，小魚絞盡腦汁想要給對方驚喜的樣子，我只能說，每一個談戀愛的女生，都是閃閃發光的元氣少女。

我們活在這個世界上，從未逃離的東西叫：關係。任何兩個相遇的人，都會產生一種關係。

可以跟對方說：「請多關照。」

也可以擺擺手說：「後會無期。」

Chapter 3

不膩歪的粉紅泡泡

在一起的荒誕，不在一起的遺憾

別談愛情，太貴。
求之不得，惦念，最好。

今年刷的第六部話劇是《暗戀桃花源》，因為在結尾有一些感動，流了些許不值錢的眼淚。

你不得不感慨，大時代背景下普通人的命運如蜉蝣。江濱柳和雲之凡幾十年不得見，所謂無奈，不過是這樣。每個人都在書寫歷史，只是大部分人在歷史的長卷軸上是微不足道的，而你做了一些足夠改變世界的事情，你的小歷史才會被人偶爾談起，茶餘飯後。

誰不曾想，人和人某一次的再見，就是真的再也不見。四十年後，雲之凡看到江濱柳的尋人啟事，女主角找去男主角在的醫院，他們已年過花甲。最美的情話不是我愛你，是綿長的思念更與何人說。他們略顯拘謹地促膝而坐，說了些不痛不癢的話，是因為漫長等待彼此消息的這四十年，不知道該從何說起，三言兩語，一筆帶過，遺憾遺憾。

女主角說了兩次，我該走了。

男主角諸多不舍，匯聚成一句不肯死心的：「這麼多年，你有沒有想過我？」

女主角沉默一秒，「我給你寫了很多很多信，哥哥說別等了，再等就老了，我老公人很好，我真的得走了。」

老袁和春花。打魚的老陶當下是糟心的，餅不是餅，酒不是酒，自己的婆姨不是婆姨。老袁和春花眉來眼去，熱鬧著，騷動著。那是因為想而求不得，便騷動。當老陶走了，他們沒羞沒臊地在一起以後，雞毛蒜皮甚至雞飛狗跳的荒誕就出現了。

你看見了老袁和春花喜歡的放肆，也洞見了江濱柳和雲之凡愛的克制。情不知所起一往而深，心熱與心冷，都在戲裡見。

心熱如胡蘭成與張愛玲，一九四四年胡蘭成第一次從《天地》第十一期讀到張愛玲的《封鎖》，便為作者的筆調所感動，一回上海就去拜訪張愛玲，雖日後二人有諸多不堪，但初見張愛玲，他便對張愛玲說：「即使你是個男人，也要把能發生的關係都發生了。」張愛玲在照片的背面也曾題過字：「見了他，她變得很低很低，低到塵埃裡，但她心裡是歡喜的，從塵埃裡開出花來。」

張愛玲一生也有三段戀情，但是唯獨寫胡蘭成事無鉅細，不厭其煩到每個細節。她會收集胡蘭成的菸頭，全部放到信封裡，兩人一起不說話，也依舊萬千情愫在眼中流動，掩飾不住的愛和美好。

欣賞這種心熱，低到塵埃裡。如果她是男人，也要去找她，把所有能發生的關係都發生了。

我們會欣賞愛情的美，因為惦念，因為想有，因為好像是那麼回事，而於我們自己似乎從未發生。現代人多心冷，盤算著，你家幾套房，幾輛車，父母何地高就，對方工作是否體面，談何愛情，不過是明碼標價的物物交換。一旦用數字去衡量愛情，愛情便像糊了層狗皮膏藥，縱使有那麼層美好，也千瘡百孔，看不清原來的面貌。

聽聞，周圍一些朋友又離婚了，我以為是因為愛情，內心說是佩服這種選擇的，在這個直男的社會，有女性為了愛情奮不顧身，敢與世界為敵，敬佩這樣的勇氣。細一打聽，不過是為了一個有錢的男人。我們顯得奮不顧身，感動自己，那看起來在這個時代鮮有的愛情，不過是逐利路上的一條捷徑。

別談愛情，太貴。在一起的，荒誕；不在一起的，遺憾。
求之不得，惦念，最好。如張愛玲之於胡蘭成，林徽因之於金嶽霖。
後人多半沒見過這種癡情，世人也鮮有為之，便心心念念，歌頌他們。

問世間有多少「友達以上，戀人未滿」

我們沒有發展成愛情，
曖昧也是一種紀念。

人在回憶某段感情的時候，會加很多內心戲，疊加很多自己所期待的感情色彩，像拍照片的濾鏡。大家追憶的時候，自帶很多假設，很多人會嘆息說，某某與我擦肩而過，我覺得他還是挺好的，羅列出一些他的優點，順帶著些許遺憾，扼腕嘆息，腦子裡想著如若和他在一起的故事，蒙上瑪麗蘇劇情，或許我們在一起的話，結果也會很好吧！

而我覺得現實中沒有那麼多「友達以上，戀人未滿」的劇情，所有的錯過都是必然，是一個成年人權衡比較後做出的理智選擇。現實中沒有那麼多「程又青」和「李大仁」的故事，他們的故事不過是萬年「備胎」熬成婆。

通常兩個人的遇見是這樣的，猝不及防，心生歡喜，源於一種新鮮感，跟我們以前遇見的人不一樣，他身上有某個打動你的點，你覺得他好特別啊，一見鍾情了。或者感覺自己遇到了相似的靈魂，一種惺惺相惜又欣賞的感情升起。你把自己帶入了某個想像，他應該就是你的夢中情人，他是你的腦子裡構建出的「人設」。如你所知，「人設」太過完美，一定會崩塌，所以在相處的過程中，你會感受到他與你設想的差距。

當出現差距的時候，你的內心就會出現選擇，選擇繼續包容還是放棄，大部分的「友達以上」都折在這裡。愛情悲觀主義者的戀愛之路，通常折在試探觀察期，對彼此寬容些的、堅持些的則容易折在磨合期。還有些人說服自己，要不然就湊合湊合過吧，繼續往下走吧。

多情總被無情擾。有的人一旦瞄上了自己喜歡的類型，不自信的人，就會選擇慫慫地不說，因為不說還可能和他做朋友，一旦說了就無路可退，被拒絕的話就只能形同陌路了，畢竟再見面雙方都尷尬。遲疑，猶豫，打了無數次的腹稿，最後還是爛在了肚子裡，漸行漸遠漸無書。時機太重要了，因為遺憾，就會惦念。珍藏在內心的某個小角落裡面，疲倦的時候，或者跟現任沒什麼感覺的時候，就到這個角落中透透氣，做著如果換成他或許現在的生活不是這樣的夢。

這份不知道能不能稱為愛情的感情，沒有給你足夠的勇氣去克服心裡的小惡魔，無法表達，那種想表白的欲望沒有達到最大值，所有的說不出，全部都是你後退的藉口，就是不夠愛。所以，你要是錯過了，心頭熱兩天，也沒啥值得可惜的，過兩天頭腦冷靜了就都好了，頂多算是腎上腺素離家出走了，去了不該去的地方。

就算在觀察期覺得對方各方面都挺好的，是在一起啊，繼續曖昧啊，還是放棄啊？發展成愛情勢必變味，沒有成為愛情，曖昧也是一種紀念。現在的人，要不忙著夾縫裡求生存，要不忙著日進斗金，情愛這種東西太浪費時間和精力，想想就可以了，沒本事耍流氓那就不要當情聖。

我們每個人的內心都住著兩個自己，一個具備著文藝的附著感，一個有著面對現實的妥協力。文藝的你，期盼著，上帝啊給我一份美好的愛情吧，如書中寫得那樣。現實的你，看清自我，絕望的想，要不就湊合著過吧！

那些走過你身邊的人，有的成了你的前任，有的變成了你的擺渡人。世事如書，而我正好讀到你這一句，願待在你的身邊，做一個逗號，我不是你的朗讀者，我只是個擺渡人。

你得習慣，一切都能說散就散。

這見鬼的愛情

有些人所謂死心塌地地喜歡對方，
到底是喜歡他，
還是喜歡跟那個人在一起時絕對付出的自己呢？

怎麼安慰被同一個男人劈腿兩次的女人啊？

線上等，急！！！

要怎麼安慰，我腦子飛轉。但此刻我的腦子裡只有：「八戒，你可長點心吧！」

我曾無數次地安慰過這樣的同胞，有男有女。過往經驗是，愈說道愈帶勁兒。沒啥用！被甩後的第一重心境就是全盤自我否定。

女人心裡想：「一定是我不夠好，臉蛋不夠美，身材不夠棒，不夠年輕。才會被劈腿，像我這樣的女人還有誰要呢？過了這段時期，我得瘋狂減肥，學化妝，研究穿搭，要變好看。」

從個人成長的角度看，女人失戀一兩次沒啥壞處。就如「雞湯」所說，你失戀了，能遇到更好的自己和認知到那孫子的「渣」了。

男人心裡想：「一定是我不夠帥，不夠高，不夠有錢。然後篤定地認為前面兩個不重要，主要是因為自己沒有錢。」

從個人成長的角度看，男人失戀一、兩次也沒啥壞處，他可能就能找到活著的意義，努力賺錢，給下一位更好的生活。再也不是守著貧窮卻說著要給女人幸福的那位Boy了。

我問：「為啥有的女生會在一個不咋地的男人身上回頭兩次啊？」大家會說感情這件事啊，一物降一物。主動回頭的那一方通常更具智慧，因為顯然要找個好下手的啊，勝算要高一點啊，不然如何找尋這種存在感啊！

我說：「那你回頭是因為這男的有錢了？」

「沒有啊，就是能每天給我哄開心了！」

這都什麼年代了，男人的嘴就是騙人的鬼啊。她這智商也夠嗆。她就是喜歡上了沒有辦法啊！我雖然也不知道怎麼安慰她，但是總覺得該說點啥。

問題來了，有些人所謂死心塌地地喜歡對方，到底是喜歡他，還是喜歡跟那個人在一起時絕對付出的自己呢？

我很怕安慰低自尊的人，我不知道該說「沒關係你會碰到更好的」還是「那個人很『渣』，通常被無辜甩的那方都是在心裡幻想對方的好」。低自尊的人的主觀就是否定自己，因為自己不好才會被劈腿。他們再遇到下一個人的時候，可能會把自己放得更低，一旦遇到問題，條件反射就是自己的問題。

我也很怕安慰小時候沒有感受過溫暖的人。他們對人的要求很低，生活若有一點甜就滿足了。在他們的世界裡，表面的平和溫暖就足夠了。可生活，絕對不是表面的事情，在一起之後是兩人所謂的三觀在相處。

我說這個人應該很善良，對人要求不高。

她說是的，可能小時候得到的太少了，所以稍微遇到一個有點好的人就想抓住吧！

有時候我們感嘆善良的人沒有好的結局。因為，活著不僅僅是靠善良，還需要一點智慧。

你說失戀了，別人怎麼安慰你呢？愛情啊有時候就像智齒，拔了你就更美了，更健康了。有時候也像闌尾，割了，就健康了！魯迅先生寫祥林嫂讓我懂了，世上不會有人一直為你的悲傷買單，有些人活著就很艱難了，我們都需要陽光雨露，萌發希望。

世界上有兩樣東西的屬性很像，一個是鬼，一個是愛情。前者聞之令人恐慌，後者聞之心生嚮往。大家都是俗人，我還是期望你們被愛情砸中吧！

漢語說「見鬼了」有兩層意思：

第一是指，離奇古怪的事情。見鬼了，怎麼就讓我碰到了？

第二是指，死亡或者毀滅。就讓那些個令人糟心的男人或女人，見鬼去吧！

有一段話給失戀的傻姑娘們：

「此後餘生，

我希望我們的關係就像，

廣州的北京路，

北京的廣州路，

沒有任何關係。」

陪你度過的漫長歲月

大部分男人是欠的，
年輕時候一邊享受著姑娘視他如真命天子的好，
一方面又覺得要放蕩不羈愛自由，
去看看別的花花草草。

S小姐的情史，看著比她的臉的層次還要豐富，即使你不相信，也不得不嘆服她撩漢的功力。總是看似不經意的一句話就讓男人上鉤，我感覺自己那麼多風花雪月的故事白讀了，我的功力沒有達到她一成。

語言上的巨人，行動上的矮子。大概就是形容我的。

時間是一個刻度工具，它在記錄，事情都不可逆，你們作過的死，戀過的愛，都在那個刻度上。當你是被分手的那一方，你總想說，做一個了斷吧，可是對方心裡可能三百年前早已自行了斷，真的到了不得不說的那天，你不過是一個被通知者。

S小姐是被通知的那一個，在她不安全感昇華的學生年代，在她人格養成不充分年代，她喜歡上了一個當年被稱為「男神」的傢伙，而我未知「男神」當初為何選擇她尚且不知，她幸福且興奮地迎接著這一切，然後死心塌地。分分合合，作死，相愛，不知所為，分居兩地，移情別戀。這樣一去五年，光輝歲月。

第一次見到S小姐，覺察她並沒有好好地、足夠深刻地談過戀愛的痕跡。她說，你錯了，五年！但是，我嗅不出痕跡，我說肯定別有故事。果然不僅異地，還跨國呢！中間我們聊過一些關於她的細碎過往，關於那個「男神」男友，難以支撐起我對這個故事的想像，不夠完整，看不出端倪，但能夠洞察出愛。

生活的奇妙在於劇本不是我們去寫的，能不能在有一個巨大的句號後，另起一行，也得看天時地利人和。愛情劇本之於生活，之所以不夠狗血，還不是因為偶像劇要有足夠的戲劇矛盾，給你多視角闡述，把所有人物的內心活動都外化，然後多維度製造巧合。可是現實是啥呢？你根本不知道對面人的內心活動，更不知道怎麼去製造偶遇，偶像劇裡製造的偶遇，擱在現實生活中那就是心機啊！

大部分男人是欠的，年輕時候一邊享受著姑娘視他如真命天子的好，一方面又覺得要放蕩不羈愛自由，去看看別的花花草草。總以為自己的行情會一直很好，啥時候都有人當他是手心裡的寶。真的，無論多矮窮矬的男人，都有這樣從骨子裡透出來的謎之自信。

是的，這個故事在S小姐歸國之後，就結束了。畢竟，「男神」要去看看世界上其他的花花草草，要奮鬥自己的前途。後來，他們斷斷續續聯繫過幾次，總是好像要復合了，「男神」又放棄了。這樣斷斷續續的橋段，一定是一方有情有義，而另一方享受被人仰慕的感覺。

S小姐偶爾還是眷戀他，覺得自己愛情這門課沒有修好。其實愛情，跟學業不一樣，我們以為努力了就會學有所成，努力了就會畢業，哪知道，愛情這門課複雜多了，我們常常拚盡全力，覺得自己做到最好了，結果只剩用力那方的心心念念的「和你一起躲過雨的屋簷」。

「男神」經過歲月的鞭策，不是男神了，變成了一個油膩的男子。他還是會自信於S小姐對他的愛，因為那些機票堆積出來的愛情，有時候似乎還說明曾經愛過。他曾經吐槽的那些作死的小情侶們，紛紛都修成正果。他回來找S小姐，他兜兜轉轉這麼久，可能還是沒有再遇到如S小姐對他那般好的女生。

他請S小姐吃當年他請不起的高檔餐廳。他衝向愛馬仕買了一瓶香水，用力地放到S

小姐面前。是吧，她一定會感動吧！可是S小姐早就不是那個在他面前怯懦的小姑娘了。這個系列的香水S小姐都有。S小姐發了張「男神」送禮的照片給我，「他居然挑了個最便宜的。」這個愛馬仕早已能說明一切。

他囉囉唆唆地說著自己這些年經歷的事情，如何變有錢，如何變強大，自己當初多蠢啊，應該和你在一起的……未完待續的故事，不知道能不能稱為愛情。

相傳有一隻鯨，它叫聲的頻率一直都比別的鯨要低，這樣就沒有其他鯨可以聽到它的聲音，它就是那個化身孤島的鯨，很多年後，它終於找到了和它在同一頻率的鯨。

每個人都是孤島，我們總是在期待，也相信，相似的靈魂終會相遇。

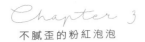

解風情和解釦子

很多人說，
社交軟體是殺時間的聖品，
而我卻覺得社交軟體裡面承載的是年輕一代的慌張和迷茫。

我一直好奇那些用社交軟體約P的人是如何跨過尷尬的見面場景，直奔主題的。兩個成年人一見面，就知道下面的劇本怎麼寫了，寫完了，就相安無事地各回各家。也對，用戶體驗在很多時候非常重要，Practice makes perfect，還是得多練習才對。

我跟詩人朋友探討，我說我想找一男閨蜜，因為我覺得必須得有一個人幫我從男性的角度去解讀這個問題，這樣看問題才會豐滿一些。詩人說：「哎喲喂，姑娘，你不知道按圖索驥的事情是最難辦的嘛！男人找對象，要膚白貌美大長腿，找到之後，發現五官是合了，三觀卻是顛倒的。她一身貌美的皮囊，一心想著要用性資源變現，以為多睡幾個就能財務自由了。」

雖然我不認同這種價值觀，但是不得不說，對於些人來說，性資源是與生俱來的最能快速變現的資源。嘿，你還真別瞧不上，你就不一定豁得出去。當年我在青島出差的時候，被一個夜總會的人看上，說我：「你條件不錯，要不要去我們夜總會上班。」我當時在巡查門店，他一直追我後面遊說。那個時候我剛畢業，表面上故作淡定，但是內心已經炸了，怎麼還會有這種操作？

詩人說酒肉朋友最靠譜。有酒肉，有朋友，簡單直接。我覺得他是瞎說，要是不把你當朋友，我可能連坐著好好跟你吃飯的耐心都沒有。詩人說：「你怎麼那麼矯情，反正你都是要吃飯的。」我就覺得我寧可一個人高傲地發黴，我也不想嘰嘰歪歪兩個人尬聊。而且，我有一習慣，一些私事，如果別人不說，我也不問，我不需要知道那麼多的無用資訊。如果我對你感覺還行，那麼就可以做普通朋友，如果還能嗅出投緣的味道，那就可以做個知心朋友。實際上，很多人都有一些不想跟他人提及的過往，非要去問，是很傻的行為，一點邊界感都沒有。

我Boss讓我們研究社交軟體的使用者應用，我和我的小夥伴們就下載了市面上我們能想到的所有軟體。我們發現約P這件事沒有我們想得那麼容易，也很殺時間啊。比如，我們得左滑右滑先找到看順眼的，關鍵是貨不對板的現象太多了。我和我的小夥伴測試一個APP，說是有一個虛擬房間，六個人可以一起互動，避免了一對一的尷尬。我們點擊了一個腹肌與荷爾蒙齊飛的一張照片，我們準備和他組建一個房間玩狼人殺，高潮來了，等我們視頻的時候發現，哎喲，我去，貨不對板了，男生長得胖乎乎的。我們笑著說為什麼你跟照片不一樣啊！對方瞬間把我們踢出了房間。

社交軟體都是類似的操作，就是對著一張張照片左滑右滑，要雙方都喜歡才行。我註冊個其中一個軟體，發現我一下午被一千六百個人喜歡，打招呼沒有一個成功的，簡直太假了。還有的軟體是留學的人們愛用的……

其實也未必說所有用社交軟體的人，都是抱著約P的心態，有時候可能只是為了認識新朋友。我一朋友就用軟體約到了自己的偶像，我的天，這是我認為最酷炫的事情！他們見面吃飯喝酒聊人生，也挺愉快的。但是，偶像慎重地說：「你一定不要跟別人說咱們是這麼認識的。」然後回去非常謹慎地把紀錄給刪了。另外一波「神操作」是，兩人用軟體約上後，變成固定P友，然後變成男女朋友了！我一直在想一個問題，他們會不會有信任危機？如果是這麼變成男女朋友的話。

如果是純粹用這些社交類軟體去解決生理問題的話，是不是就應該讓性回歸性？我理解的朋友之間，或者是情侶之間的溝通、互動，應該是解人意的，解風情的，最後才會是解釦子。

解人意，意思就是我說的你明白，如果還能用讚賞的態度去對待，那算是解人意了。其實，這也挺難的。如果你們說話永遠感覺詞不達意，那麼就要一方表現出極高的情商和理解力去明白另一方的意圖，或者你們即使互相看對方不爽，但是有一萬條你們要合作的理由也得讓你不得不跟這個傻×聊下去。有個詞兒叫善解人意，這詞兒就是對一個人情商、洞察力、理解力側面的讚賞。你們想想，你們周圍如果有這樣善解人意的哥們或者姐們，你一說啥事兒，他就懂，這多難得，你得珍惜。

解風情，然而我們老是說不解風情。那麼到底什麼叫解風情呢？你能夠體會對方話裡的情趣、意趣，並能和對方形成良好的互動。這個就很難了，因為理解意趣、情趣已經是相對高級的操作了。你還得用更有趣的方式去迎合對方，這樣眉來眼去，才能情意綿綿。謂之，解風情。

解釦子，是利用社交軟體最直接的操作。好的，此處省略五百字。

關於操作流程的問題，正向操作，解人意，解風情，解釦子，是比較一般的交友手法，可能到解人意這一步就得過濾掉很多人。最後真正成為情侶或者夫妻關係的，常常惦念的是曖昧時期。所謂曖昧，就是心弦上的那根線不斷拉扯，對於大多數人來說，是極美好的回憶。

所有生活的意義，都是被人賦予的，就像我們小時候做的語文閱讀理解題，總是妄圖揣測作者的心思。不管你是先解風情還是先解鈕子，願你享受美好。這個世界的神奇在於，有些人總在期待愛情，卻總遇到P友。

願你善解風情也善解鈕子。很多人說，社交軟體是殺時間的聖品，我卻覺得社交軟體裡面承載的是年輕一代的慌張和迷茫，你有你的慌張，我有我的迷茫。

我想和你虛度光陰

我們在這個功用的世界，
被數字肢解。

不是所有的年歲都能讀《瓦爾登湖》，青春時候曾數次打開這本書，但都未細細讀到結尾。畢竟熱烈的青春，是不能容忍這麼寡淡的日子的。

不是所有的年歲都會想著在酒過三巡後，拿出一本詩集，高聲朗誦，去體會不一定為人所知的美麗。

不是所有的年歲都能懂得美，京劇昆曲西皮二黃咿咿呀呀，交響話劇三幕五場輾轉，所要表達的是怎麼樣一個戲謔的世界。

我們在這個功用的世界，被數字肢解。你們每天一睜眼就得「征戰」，有沒有一瞬間是想虛度時光的，嘆日月交輝，看清風圓月，來往熙攘的人群，演繹著各種故事。

去貝克街 **221B** 看你們的「夏洛克」，排隊的多是些中國人，冗長的隊伍充斥著大碴子味兒普通話，讓人瞬間失去了興致，遠遠看看，算是到此一遊了。一路閒散穿過牛津街，滿大街的中東土豪，保時捷，瑪莎拉蒂，踩足馬力，驕傲地從你身邊呼嘯而去。

一路走過去，海德公園到處都是遛孩子的父母，看書調情的大學生，還有小松鼠，它們時不時跑到人面前賣萌吃著東西。到處都是鴿子、天鵝。我可能中了梁朝偉的「毒」，他散心從香港打飛的來倫敦餵餵鴿子，那得是怎樣灑脫的心境啊？時不時騎馬的人從我身邊一騎紅塵，不可不謂之瀟灑。

英國人民真的沒有那麼熱愛賺錢。我去牛津，鋪子在下午五點就都關門了，我下午五點半後在牛津走路都跟進了鬼城一樣，沒人。有一次我下午四點五十五的時候去了一家店鋪，人家店員直接跟我說：「小姐，我們下班了。」

要說英國人民熱愛什麼，真的很熱愛下午茶和在公園曬太陽啊。跟英國人民喝下午茶，最重要的問題就是加不加奶，傳說你看英國人民表面上彬彬有禮，骨子裡可八卦著呢，跟房東太太頭一回聊天，就問我喝茶加不加奶。問你加不加奶，就是考驗你土鱉不土鱉，因為真正的英式貴族喝法，都是要加奶的！

有人推薦我去哈洛德（Harrods）①看看，進去一圈被閃「瞎」了，加上之前要買的東西每天都陸續買了，便提不起多大的興趣。對面的甜品店有不少人圍觀，甜品長得確實精緻美味。我進去點了一壺茶，幾塊甜品，然後觀察英國人，滿眼的淑女紳士範兒，即使是一把歲數，老太太的打扮著實考究，帽子一絲不苟，套裝整潔，恰到好處的收腰。如果我六十歲的時候，還是這般好看，擁有歷久彌堅的美，那定是極好的。人總是要定一個高高的 **Flag**，然後盡力前往。

我學習的地方，在大英博物館附近，可以每天都去遛彎兒。大英博物館太大了，下課就去遛彎兒，遛了好幾天，還是雲裡霧裡的。裡面的藏品不可謂不多，還是需要做一些功課的，不然也就看看熱鬧。博物館對面，最牛的還是 CoCo 奶茶，賣得比星巴克都貴。

Covent Garden ②，離我學校也很近，步行大概幾分鐘就到了。那裡面雖然有點廟會的感覺，會有很多的街頭藝人在那裡雜耍，據說女演員湯唯很落寞的那段時間，就是在這裡做街頭藝人。這裡還有很多英國品牌的特色小店，如果要送東西給朋友，可以在這附近挑選，有樂隊在這裡演奏《一步之遙》，吃飯也多了份愉悅的心境。

Covent Garden 附近都是劇院，之前有人推薦說要去 Royal Theater，搜尋半天確實有一家，走進去跟店員買了一張最近能看到的演出——《42nd street》，其實是百老匯的經典曲目，下午四點多開始演出，先去覓食，然後穩穩當當去鑒賞這部經典的歌劇。

我被震撼的是，一個普通的工作日下午，話劇院裡面滿滿當當的人，老人小孩男人女人。在國內，我經常去的上劇場，常常有半場空位。旁邊的婦人，看著像是大學老師，有學識的那種優雅，我便和她攀談起來。她給我介紹了這部劇碼的各種細節，劇碼開場後，我驚訝他們對於看劇的熱情，在精彩的地方一定會有鼓掌口哨，甚至站起來報以久久的掌聲。劇場的布局一如《歌劇魅影》，豪華的水晶吊燈，圓形的觀影席，配以現場的樂隊演奏，滿屋子的熱烈的觀影人群，那種氣氛深深地感染了我。

去英國一定要去看場球賽，不管是真球迷還是偽球迷，附庸風雅也罷，看帥哥也罷，該感受還是得感受。上一回看球是什麼時候已然忘記，不過對於我這種看熱鬧的人來說，怎麼都好。託朋友借了張會員卡，不僅能便宜些，還可以坐在很好的位置。球迷朋友們興奮地說：「你運氣超好的，阿森納[3]的主場。」然後我還看到了讓大家興奮的桑切斯。然而作為一個偽球迷，得買一條阿森納紀念版的圍巾，紅白相間加上隊標，總要有一件東西膚淺地證明我來過。

Emirates 球場的漢堡，大概是我印象最深刻的。領我去的小朋友是資深球迷，我每一次來，都會見她，我們已然都是老朋友了。見面就是一陣熱情的碰撞，老闆的髒辮相當有個性，手藝也是非常嫺熟，十二磅一個牛肉漢堡，跟一幫人一起吃顯得相當有氛圍。老爸們紛紛舉著自己的孩子，一旦贏球就一陣狂親自己的孩子。球賽結束了，球迷們久久不肯散去，每一個球員都有對應的進球後的歌曲。球迷們唱著今天進球的球員的歌，齊聲合唱《Hey Jude》，即使你是一個冷靜的旁觀者，也會被感染到高聲合唱，融入他們。

散場坐地鐵回去，隨著大部隊人群，被擠進了地鐵站，忘了刷卡，然後，被罰款扣了全程的價格，肉疼。

我想念這種虛度的感覺，因為無所事事，時間的維度變得特別長，沒有國內每天十幾通的騷擾電話，我在異國他鄉到處晃蕩。

以下摘自未出版的舊文，姑且作今天這個散淡小文的註腳吧。

你是你的七月，也是你的安生，
你有你要問候的家明。
你說困頓得好像又虛度了一年的時光，
你說那些無形的牢籠將你溫柔豢養。
你說你想看看 Sherlock 的貝克街 221B，
你說唐頓莊園似乎看起來那麼美好，

傲慢與偏見的達西少爺也在那個國度。
一身文藝，一眸深邃，隨性放空，
說走就走的旅行，去倫敦餵鴿子。
日不落的輝煌濃縮在大英博物館的館藏，
不列顛的文明在泰晤士河流淌，
濃烈的英倫生活從 High Tea ④ 開始，
或者康橋才是中國人的溫柔鄉。

編註 1 哈洛德百貨公司，位於倫敦，以銷售奢侈品為主。
編註 2 科文特花園（Covent Garden）位於倫敦最繁華的西一區，有豐富的人流量和優越的地理位置。
編註 3 阿森納足球俱樂部（Arsenal Football Club）是英格蘭頂級聯賽英格蘭超級聯賽二十個足球俱樂部球隊之一。
編註 4 英式下午茶方式之一。

人生很貴，請別浪費！

願你往事不回首，餘生不將就

作者 小野醬
編輯 黃子瑜
校對 黃子瑜、藍勻廷
美術設計 劉旻旻
發行人 程顯灝
總編輯 呂增娣
資深編輯 吳雅芳
編輯 藍勻廷、黃子瑜、蔡玟俞
美術主編 劉錦堂
美編 陳玟諭、林榆婷
資深行銷 吳孟蓉
發行部 侯莉莉
財務部 許麗娟、陳美齡
印務 許丁財
出版者 四塊玉文創有限公司

總代理 三友圖書有限公司
地址 一〇六台北市安和路二段二一三號四樓
電話 (02) 2377-4155
傳真 (02) 2377-4355
E-mail service@sanyau.com.tw
郵政劃撥 05844889 三友圖書有限公司

總經銷 大和書報圖書股份有限公司
地址 新北市新莊區五工五路二號
電話 (02) 8990-2588
傳真 (02) 2299-7900

製版印刷 卡樂彩色製版印刷有限公司

初版 二〇二一年七月
定價 新台幣三二〇元
ISBN 978-986-5510-81-7（平裝）

國家圖書館出版品預行編目 (CIP) 資料

人生很貴，請別浪費！願你往事不回首，餘生不將就 / 小野醬著 . -- 初版 . -- 臺北市 : 四塊玉文創有限公司 , 2021.07
面； 公分
ISBN 978-986-5510-81-7(平裝)
1. 人生哲學 2. 職業婦女

191.9 110009492

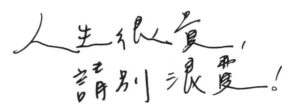

心靈捕手

光的療癒
下載更新更高版本的自己

作者：張小雯／定價：450 元

將如何啟動身心靈自癒機制，如何提升身心振動頻率，進而提高自我價值的療癒故事，為的是想讓人知道，提升自己是每一個人都能做到的事。

當我開始成為母親
心理師媽咪的腹內話

作者：林世媛／定價：330 元

現在跟著心理師媽咪，從孕期到育兒的心路歷程，學習心理學概念與實戰的育兒方式，讓開始成為母親的你，多一點支持與力量。

你，其實很好
學會重新愛自己

作者：吳宜蓁／定價：300 元

是誰要你委屈？是誰讓你自卑？你的人生不該活在別人的期待裏，要相信，你值得被好好對待，告訴自己所有的自卑都是多餘的。

潛意識自癒力
讓催眠心理學帶你創造美好的生活

作者：張義平（幽樹）／定價：350 元

開啟一趟潛意識的旅程，重新解析自己，了解孤獨、自卑、恐懼、壓力的原因，靠自己的力量撫平生命中的挫折與傷痛，迎接美好的未來。

大齡生活

生命的最後一刻，如何能走得安然

作者：瑪格麗特 · 萊斯

譯者：朱耘、陸蕙貽／定價：450 元

「人終將一死」，但等到實際面對時，方知其艱難。當來到生命最後的時日，如何讓死亡少一點痛苦與煎熬，多一分尊嚴與安然？

生命中遺憾的美好

珍惜有你的陪伴

作者：李春杏／定價：320 元

一篇篇臨終的生命故事，帶給我們珍貴的啟示，願我們都能珍惜生命中美好的點點滴滴，在分離時刻，好好道別，不留下缺憾。

不累的生活

正念紓壓，讓照護更得心應手

作者：吳錫昌／定價：320 元

你是長期疲勞的上班族嗎？家庭事業兩頭燒的辛勞媽媽？ 24 小時待命的焦慮照顧者嗎？是否壓力大到喘不過氣來？你其實不用活得這麼累！

樂齡的幸福課

設計你的下半場人生

作者：魏惠娟、王梅／定價：350 元

我們正在進入百年人生，退休後的三十年，是上天給我們的「禮物」，但我們準備好，有能力歡欣接受這份禮物嗎？還是只能夠狼狽承擔？

地址：　　　縣/市　　　鄉/鎮/市/區　　　路/街

段　　巷　　弄　　號　　樓

廣　告　回　函
台北郵局登記證
台北廣字第2780 號

SANYAU

三友圖書有限公司 收

SANYAU PUBLISHING CO., LTD.

106　台北市安和路2段213號4樓

SANYAU
三友圖書
讀書俱樂部

「填妥本回函，寄回本社」，
即可免費獲得好好刊。

\ 紛絲招募歡迎加入 /

臉書／痞客邦搜尋
「四塊玉文創／橘子文化／食為天文創
三友圖書——微胖男女編輯社」
加入將優先得到出版社提供的相關
優惠、新書活動等好康訊息。

四塊玉文創×橘子文化×食為天文創×旗林文化
http://www.ju-zi.com.tw
https://www.facebook.com/comehomelife

親愛的讀者：
感謝您購買《人生很貴，請別浪費！願你往事不回首，餘生不將就》一書，為感謝您對本書的支持與愛護，只要填妥本回函，並寄回本社，即可成為三友圖書會員，將定期提供新書資訊及各種優惠給您。

姓名 ______________ 出生年月日 ______________
電話 ______________ E-mail ______________
通訊地址 ______________
臉書帳號 ______________
部落格名稱 ______________

1 年齡
□ 18 歲以下 □ 19 歲～ 25 歲 □ 26 歲～ 35 歲 □ 36 歲～ 45 歲 □ 46 歲～ 55 歲
□ 56 歲～ 65 歲 □ 66 歲～ 75 歲 □ 76 歲～ 85 歲 □ 86 歲以上

2 職業
□軍公教 □工 □商 □自由業 □服務業 □農林漁牧業 □家管 □學生
□其他 ______________

3 您從何處購得本書？
□博客來 □金石堂網書 □讀冊 □誠品網書 □其他 ______________
□實體書店 ______________

4 您從何處得知本書？
□博客來 □金石堂網書 □讀冊 □誠品網書 □其他 ______________
□實體書店 ______________ □ FB（四塊玉文創／橘子文化／食為天文創 三友圖書——微胖男女編輯社）
□好好刊（雙月刊） □朋友推薦 □廣播媒體

5 您購買本書的因素有哪些？（可複選）
□作者 □內容 □圖片 □版面編排 □其他 ______________

6 您覺得本書的封面設計如何？
□非常滿意 □滿意 □普通 □很差 □其他 ______________

7 非常感謝您購買此書，您還對哪些主題有興趣？（可複選）
□中西食譜 □點心烘焙 □飲品類 □旅遊 □養生保健 □瘦身美妝 □手作 □寵物
□商業理財 □心靈療癒 □小說 □其他 ______________

8 您每個月的購書預算為多少金額？
□ 1,000 元以下 □ 1,001 ～ 2,000 元 □ 2,001 ～ 3,000 元 □ 3,001 ～ 4,000 元
□ 4,001 ～ 5,000 元 □ 5,001 元以上

9 若出版的書籍搭配贈品活動，您比較喜歡哪一類型的贈品？（可選 2 種）
□食品調味類 □鍋具類 □家電用品類 □書籍類 □生活用品類 □ DIY 手作類
□交通票券類 □展演活動票券類 □其他 ______________

10 您認為本書尚需改進之處？以及對我們的意見？

____

感謝您的填寫，
您寶貴的建議是我們進步的動力！